ROYAL HORTICULTURAL SOCIETY
DK GARTENTIPPS

TEICHE
& WASSERANLAGEN

ROYAL HORTICULTURAL SOCIETY
DK GARTENTIPPS

TEICHE & WASSERANLAGEN

PETER ROBINSON

DORLING KINDERSLEY
LONDON • NEW YORK • MÜNCHEN • PARIS

DORLING KINDERSLEY

PROJEKTBETREUUNG Cangy Venables
BILDBETREUUNG Margherita Gianni, Rachael Parfitt

REIHENBETREUUNG Pamela Brown
REIHENBILDBETREUUNG Stephen Josland

CHEFLEKTORAT Louise Abbott
CHEFBILDLEKTORAT Lee Griffiths

DTP-DESIGN Matthew Greenfield
HERSTELLUNG Patricia Harrington

Die Deutsche Bibliothek – CIP-Einheitsaufnahme

Ein Titeldatensatz für diese Publikation ist bei
Der Deutschen Bibliothek erhältlich.

Titel der englischen Originalausgabe:
Ponds & Water Features

ÜBERSETZUNG Chris Keutmann-Wohlthat, Essen
REDAKTION UND SATZ Redaktionsbüro Christiane Blaß, Köln

ISBN 3-8310-0163-4

Printed and bound in Singapore by Star Standard Industries Pte. Ltd.

Besuchen Sie uns im Internet
www.dk.com

INHALT

MIT WASSER GESTALTEN

WASSER IM GARTEN

IM LAUFE DER GESCHICHTE hat Wasser stets eine wesentliche Rolle in den Gärten der ganzen Welt gespielt. Nahezu alle Kulturen und Gesellschaftsformen, ob in Regionen, die reichlich von Wasser gespeist werden oder in denen es kostbar ist, wussten und wissen seine Schönheit und erfrischende Kühle zu schätzen. Bis heute sind Wasseranlagen faszinierende Aspekte der Gartengestaltung.

DER WASSERGARTEN HEUTE

Eine der wichtigsten Entwicklungen für den Wassergarten des 20. Jahrhunderts war die Auflösung der traditionellen Trennung zwischen formaler und naturnaher Gestaltung. Gartenplaner greifen heute Elemente früherer Kulturen auf und kombinieren Altes mit Neuem zu einzigartigen, kreativen Entwürfen. Zwar hat die Durchschnittsgröße des Gartens abgenommen, aber dank moderner Materialien und Techniken lässt sich ein Wassergarten heute viel leichter und auf kleinerem Raum anlegen.

NATÜRLICHE KUNST *Monets Garten in Giverny aus dem 19. Jahrhundert (oben) verbindet prachtvolle Bepflanzung mit Wasserwegen, auf denen sich Licht, Schatten und Seerosen spiegeln. Die Faszination des Gestaltens mit Wasser zeigt sich in den naturnah (links) wie den formal (linke Seite) gestalteten Gärten von heute.*

◀ WIE EIN GEMÄLDE *Ein strenger Rahmen umgibt diesen Pflanzenteppich im abgesenkten Teich.*

ALTE UND NEUE STILRICHTUNGEN

Die Kanäle und Springbrunnen der Palastgärten der islamischen Welt, die spirituell bedeutsame Anordnung von Steinen und Wasser in Japan, die Kaskaden und Wasserspeier der europäischen Adelssitze – sie alle zeigen eine geschichtsbezogene Gestaltung, deren Schlüsselelemente Stein und Wasser sind. Das trifft auch heute noch auf die Wasserspiele zu, die uns auf modernen öffentlichen Plätzen erfreuen. Bei Gärten schätzt man vor allem die Bepflanzungsmöglichkeiten im Wasser; dieser Trend setzte im 19. Jahrhundert ein und wurde durch Faktoren wie die Vorliebe für Chinoiserien und die Zucht neuer Seerosen begünstigt.

Heute gibt es zahlreiche reizvolle Wasserpflanzen. Ein schön bepflanzter Teich gehört zu den beliebtesten Zierelementen. Durch die Ausbreitung der Städte entstehen zudem neue, Gestaltung und Stil prägende Anliegen, so etwa die Schaffung von Feuchtbiotopen. Wassersparen ist ein weiteres wichtiges Thema. In Trockenzonen ist das

▲ ISLAMISCHER EINFLUSS
Diese Komposition vereinigt viele maurische Gestaltungselemente wie die dekorative Arbeit in Stein, eine reich verzierte Maske und eine sparsame Bepflanzung.

◀ BRUNNENZAUBER
Selbst auf engstem Raum entzückt ein kleiner, aber schöner Brunnen Auge und Ohr.

nichts Neues; dort war schon immer die dekorative, formale Gestaltung sehr viel beliebter als eine üppige Begrünung mit wasserhungrigen Pflanzen. Überall scheinen Gärtner den formalen Stil und damit die Schönheit von Steinen oder Zierobjekten in Verbindung mit Wasser wieder zu entdecken. Solche Kompositionen, selbst wenn sie Pflanzen weder am noch im Wasser als Gestaltungsmerkmal integrieren, sind besonders geeignet für die heute so verbreiteten kleinen Gärten.

Vielfältige Möglichkeiten

Egal, ob Gartenplaner nun einem traditionellen oder modernen Stil verpflichtet sind, sie schaffen heute originelle Wasseranlagen, indem sie formale und naturnahe Elemente kombinieren, die von kulturellen Einflüssen aus aller Welt geprägt sind. In Anbetracht der Auswahl und Güte von Material und Technik war es nie leichter als heute, die Schönheit des Wassers und die damit verbundenen Gestaltungsmöglichkeiten auch in den eigenen Garten zu integrieren.

▲ JAPANISCHER STIL
Umgeben von Wasser und Steinen schafft diese Steinlaterne eine Atmosphäre der Ruhe, die im Mittelpunkt japanischer Gartengestaltung steht.

▼ MODERNER WASSERGARTEN
In dieser modernen Wasseranlage kommt der Trend zum Ausdruck, kühn arrangierte Pflanzen und geometrische Formen zu verbinden.

Die Formale Gestaltung

Für einen formalen Teich werden feste Materialien verwendet, die die Ruhe oder Bewegung des Wassers einfassen. Ausgewogenheit entsteht durch die regelmäßige Form und Linienführung, die Betonung von Symmetrie und Geometrie. Rechtecke eignen sich für kleine Gärten mit strukturierenden Elementen, die durch Pflasterung, Mauern oder Zäune vorgegeben sind. Eine zurückhaltende Bepflanzung ergänzt solche Teiche, ohne das Bild zu beherrschen.

Formal gestaltete Teiche

Früher ließ sich ein formal gestalteter Teich nur mit Beton anlegen. Die Verarbeitung heutiger Betonbaustoffe ist zwar leichter, doch immer noch schwer und Zeit raubend. Die einfachste Lösung ist der vorgefertigte Teich aus Hartkunststoff *(S. 16–21)*. Die früher bruchanfälligen und unschönen Behälter sind inzwischen haltbar und in neutralen Farben, vielen Größen und Formen erhältlich. In kleinerem Maßstab lassen sich mobile Behälter *(S. 34–39)* wie halbierte Fässer oder Tröge zu bezaubernden Teichen für einen Innenhof oder kleinen Stadtgarten verwandeln. Fließendes Wasser *(S. 40–47)* ergänzt auch in einfacher Form den formalen Stil sehr gut, z. B. als Wasserspeier, kleiner Quellsprudel in einem Kieselsteinbett oder überlaufendes Gefäß.

HAUPTVORTEILE

- Kleine Teiche wirken weniger »verloren«.
- Attraktive Materialien können die vorhandene Pflasterung, die Zäune oder das Mauerwerk ergänzen.
- Ideal, wo ein erhöhter Teich attraktiv wäre.
- Architektonisch angeordnete Pflanzen und Solitärpflanzen kommen gut zur Geltung.

KIESELRUND
Der Umriss dieses Teiches wird mit konzentrischen Kieselsteinringen hervorgehoben; so wird der kleine Teich am Übergang zwischen Weg und Rasen zum Blickfang.

Die Wahl des Stils

Ein formal gestalteter Teich eignet sich gut für die Verwendung dekorativer Materialien. Die Einfassung sollte Farbe und Struktur der Umgebung ergänzen oder mit ihr kontrastieren. Pflanzenliebhaber können die Pflasterung mit Nischen durchsetzen oder Topfpflanzen um den Teich gruppieren.

Klassische quadratische Bassins, die von Steinplatten umgeben sind, erinnern an die römische Bauweise. Schmale Kanäle hingegen lassen an maurische Gärten denken. Japanische Gärten sind von der präzisen Anordnung von Pflanzen, Wasser und Stein bestimmt. In der westlichen Welt hat man Mühe, solche Details zu übertragen, aber durch Kieselsteine, Zierelemente im japanischen Stil und Materialien wie Bambus lässt sich eine fernöstliche Atmosphäre schaffen.

Alternativ können Sie auch mit neueren Trends, wie etwa mit kühnen Farben auf Ziegelsteinen oder Mosaiken, experimentieren. Diese kann man durch auffallende moderne Ornamente und Skulpturen noch verstärken, wie sie immer häufiger von jungen Künstlern auf Gartenschauen und Kunsthandwerksmessen angeboten werden.

▲ FORMSTRENGER SITZBEREICH
Ein erhöhtes Wasserbecken ist besonders effektvoll, wenn es so hoch ist, dass seine Umrandung zum Sitzen einlädt. Der Rhabarber hebt sich deutlich von den Steinplatten ab.

▼ ARCHITEKTONISCHE ELEGANZ
Die Bepflanzung dieses kanalartigen Teichs ist auf die Mitte beschränkt, um die klaren Linien der Umrandung zu betonen. Die Auskleidung wird durch Natursteinplatten kaschiert.

DIE NATURNAHE GESTALTUNG

EIN NATURNAH GESTALTETER GARTENTEICH sollte sich optimal in die Umgebung einfügen. Einem solchen Teich können Sie jede denkbare Form geben; um fließende Formen zu erzielen, sollten Sie ihn allerdings möglichst unkompliziert anlegen und gerade Linien oder scharfe Winkel vermeiden. Bei der Bepflanzung haben Sie freie Wahl, bedenken Sie aber, dass die um den Teich angeordneten Pflanzen ebenso wichtig sind wie die Wasserpflanzen selbst.

AUSKLEIDUNG

Für Liebhaber naturnaher Teiche war die größte Errungenschaft der letzten Jahre die Entwicklung von flexiblem Auskleidungsmaterial, das gut, haltbar und unauffällig ist *(S. 23–26)*. Starres Material lässt sich zwar gut kaschieren, aber die Auswahl an Größen und Formen ist begrenzt. Starre, vorgefertigte Teiche fallen steil ab, mit Hilfe von Teichfolien kann man einen breiteren Pflanzrand oder sogar ein Ufer anlegen, das sich langsam ins Wasser senkt. Alternativ lässt sich eine Grube auch abdichten, indem Sie sie mit mehreren Tonnen Ton auskleiden (es sei denn, Ihr Garten hat einen außerordentlich schweren Tonboden). Diese Methode ist im Landschaftsbau beliebt, stellt jedoch für den Hausgebrauch ein eher aufwendiges Unterfangen dar.

HAUPTVORTEILE

- Fügt sich in einen naturnahen Gestaltungsstil ein; Form und Größe sind beliebig.
- Mit wenig Material leicht anzulegen bei minimalem Kosten- und Arbeitsaufwand.
- Bietet beste Bepflanzungsmöglichkeiten, feuchtigkeitsliebende Pflanzen und deren Strukturkontraste können genutzt werden.
- Kann anziehend für Wildtiere gestaltet werden, was vielen Arten einen Lebensraum bietet und uns Freude bereitet.

WALDIDYLLE
Gartendekor wirkt auch bei einem naturnahen Teich; die Schwäche der Nymphen für lauschige Winkel ist ja bekannt.

Die Gestaltung

Ein formaler Teich wird oft angelegt, um attraktive Baumaterialien, die das Wasser einfassen, ins Blickfeld zu rücken. Der Charme eines naturnahen Teichs liegt in der Randbepflanzung, die für einen nahtlosen Übergang zwischen Wasser und Land sorgt. Auch Wildtiere schätzen den Schutz dichten Blattwerks am Wasserrand. Wenn Sie einen kleinen Teil des Teichs mit hartem Material einfassen, um einen guten Blick und Zugang zu haben, können Sie eine kleine gepflasterte Plattform oder – ganz naturnah – ein Ufer aus Kieselsteinen anlegen *(S. 31)*.

Die glücklichen Besitzer eines natürlichen Teichs können dessen Ufer kaum ausmachen, da es von feuchtigkeitsliebenden Pflanzen besiedelt ist. Bei einem künstlichen Teich, besonders einem kleinen, muss durch das Abdichtmaterial sichergestellt werden, dass das Wasser nicht versickert. Sie können einen Sumpfgarten *(S. 29)* um die Ränder anlegen oder Ufer- und Gartenpflanzen so geschickt anordnen, dass der Übergang zwischen Teichbepflanzung und angrenzenden Beeten und Rabatten verwischt. Dass der Phantasie keine Grenzen gesetzt sind, macht den ganzjährigen Reiz eines naturnahen Teichs aus.

▲ZWEI WELTEN GLÜCKLICH VEREINT
Die Einfassung ist größtenteils von Pflanzen bewachsen, eine Seite wurde für eine gepflasterte Fläche und eine einladende Bank freigehalten.

▼SUMPFGEBIET
Üppige Feuchtgebiete am Rand des Teichs verstärken seine Wirkung und erweitern die Bepflanzungsmöglichkeiten. Natursteine bilden Vorsprünge und bieten Vögeln Ruheplätze.

WASSER IN BEWEGUNG

DER OPTISCHE REIZ UND DAS ERFRISCHENDE Plätschern fließenden Wassers verleihen selbst dem kleinsten Garten Größe. Voraussetzung ist eine strombetriebene Umwälzpumpe *(S. 53–55)*, die das Wasser zu seinem Ausgangspunkt zurückpumpt. Niedervoltpumpen arbeiten unter Wasser, sind leicht zu installieren und sehr sicher; ihre Wartung besteht in der gelegentlichen Säuberung des Filters.

ZIERDE FÜR TEICHE UND BECKEN

Fontänen *(S. 41)*, die aus dem Wasser aufsteigen oder aus Statuen bzw. anderen Wasserspeiern sprudeln, sind der klassische Schmuck für den formal gestalteten Teich. Sie müssen jedoch nicht unbedingt in der Mitte platziert sein: Wasser, das am Rand des Teichs aus Amphoren, Krügen oder Figurinen plätschert, ziert formstrenge wie naturnahe Anlagen. Selbst eine Niedervoltpumpe kann Wasser ein kurzes Stück vom Wasserreservoir wegbefördern, so dass sich im naturnahen Wassergarten kleine Bachläufe oder Wasserfälle über Steine leiten lassen; bei einem mit Platten eingefassten Teich ließe sich etwa ein Kanal anlegen, aus dem am Teichrand Wasser über eine Ablaufstufe in den Teich fließt *(S. 44–45)*.
Die Luft ist in der Nähe von Fontänen und Wasserfällen spürbar kühler und feuchter: Das erfrischt den Gärtner ebenso wie Tiere und feuchtigkeitsliebende Pflanzen.

▶ WASSERFÄLLE
Ebenes Gelände lässt sich für einen kleinen Wasserfall sanft anheben. Wasserdichte Folie ist leicht mit Steinen und Pflanzen zu kaschieren.

▼ ELEGANZ UND LICHT
Aus einem Terrakotta-Gefäß inmitten locker arrangierter Steine quillt zart perlendes Wasser. Die klaren Linien werden durch die Vollkommenheit der Kalla akzentuiert.

EIN KÜHLER WINKEL
Im Schatten, umgeben von duftenden Lilien, wird ein Wasserspeier zum dekorativen Brunnen. Als Wasserspeier werden unterschiedliche Masken und abstrakte Formen angeboten.

WASSERKREISLÄUFE

Für Kreislaufsysteme reicht eine bescheidene Menge Wasser, die immer wieder mit einer kleinen Pumpe zurückgeführt wird und ein dekoratives Becken füllt, wie bei vielen Wasserspeiern *(S. 46–47)*, oder ein verstecktes Reservoir, wie bei einem Quellsprudel *(S. 42–43)*. Pflanzen sind hier eher Nebensache, wenn auch ein Becken oder Trog ein oder zwei Exemplaren Platz bieten mag. Die Pflanzen der Umgebung profitieren hingegen zweifellos von dem zarten Sprühnebel der Tröpfchen, die das strömende Wasser bildet.

Obwohl kleine Anlagen nur wenig Platz für Wasserpflanzen bieten, haben sie doch viele Vorteile: Sie lassen sich auch im kleinsten Hof und sogar auf einem Balkon installieren; sie sind sehr kindersicher, da keine offene Wasserfläche vorhanden ist, und sie können an schattigen Plätzen aufgestellt werden. Ein bepflanzter Teich hingegen muss in der Sonne liegen, da sonst die Pflanzen absterben, das Wasser abkühlt und verschmutzt; stehende Gewässer werden im Schatten brackig. Bei einer kleinen Wasseranlage ohne Pflanzen bleibt das Wasser, das sie ununterbrochen durchströmt, immer frisch und gesund; so ist das kleine Arrangement von unschätzbarem Wert in beengten Verhältnissen, wo Erfrischung und ein wenig Glanz besonders Not tun.

HAUPTVORTELE

- Bringt Geräusche und Bewegung in den Garten und funkelt in der Sonne.
- Fließendes Wasser bringt Sauerstoff und Feuchtigkeit in die Luft.
- Bietet Gelegenheit, dekorative Ornamente und Skulpturen einzusetzen.
- Im Gegensatz zu Becken und Teichen können kleine Wasseranlagen im Schatten stehen.

BAU EINER WASSERANLAGE

DER FORMALE STIL

BEI EINEM FORMAL GESTALTETEN TEICH ist Regelmäßigkeit das Wichtigste. Abmessungen, Winkel und Höhenunterschiede müssen genau stimmen. Nichts enthüllt unebene Randeinfassungen und Pflasterungen stärker als ein glatter Wasserspiegel. Die geraden Seiten eines Beckens sollten zueinander und zur Umgebung parallel verlaufen. Denken Sie über den Standort nach und überlegen Sie, ob nicht ein vorgefertigter Teich in Frage kommt, bei dem alle Berechnungen entfallen, da Sie den Behälter nur noch plan in den Boden setzen müssen.

EIN FERTIGES BECKEN INSTALLIEREN

Vorgefertigte Becken sind ideal für neue Wassergärtner und unerfahrene Heimwerker. Sie lassen sich einfach einsetzen und säubern und werden meist komplett mit Anleitung geliefert. Es gibt sie in vielen Größen und Farben, dunkles Material ist am unauffälligsten. Sie können sie ganz oder teilweise im Boden versenken *(S. 20)*. Durch üppigen Pflanzenbewuchs oder mit Steinplatten lässt sich die Abschlusskante des Fertigbeckens kaschieren.

TIPPS FÜR DEN KAUF

- Glasfaserbecken sind stabil und für erhöhte Teiche geeignet; die preisgünstigeren Kunststoffmodelle sind weniger haltbar.
- Bei Formen ohne einen 25–30 cm breiten Randsockel ist die Bepflanzung eingeschränkt.
- Fertigteichbecken sehen immer kleiner aus als sie sind. Veranschlagen Sie deshalb etwas größere Abmessungen. Markieren Sie daher zur Sicherheit die Größe, die Sie anschaffen möchten, zuerst am gewünschten Standort.

▼ NIVEAUAUSGLEICH
Ein Gefälle (unten) ist störend und sollte nivelliert werden (unten rechts). Alternativ kann man eine massive Stützwand errichten, die das Becken hält.

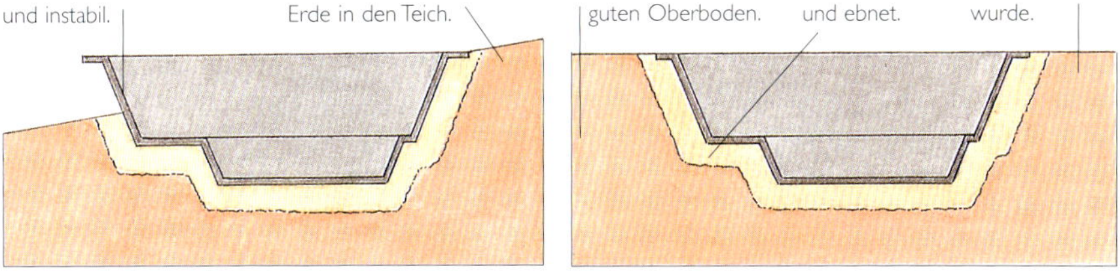

◀ EIN GERAHMTER WASSERSPIEGEL *Die ebenmäßige Pflasterung ragt über die Teichkante hinaus.*

WERKZEUG
- Bambusstöcke
- Holzpflöcke
- Schnur
- Spaten
- Plastikplane oder Schubkarre
- Richtlatte
- Wasserwaage
- Bandmaß
- Mörtelwanne

MATERIAL
- weicher Sand für eine 5 cm dicke Polsterung der ausgehobenen Grube (besprechen Sie die Angaben für Ihr Becken mit dem Händler)
- Vorgefertigter Teich, hier 2 × 2 m
- Material für den Rand: hier 20 Steinplatten, 45 × 45 cm; 4 Säcke Zuschlag à 50 kg und 4 Säcke Fertigzement à 25 kg

Markieren der Form

1 **Ein symmetrisches Becken** können Sie einfach umdrehen und so seine Umrisse direkt auf dem Boden markieren. Bei asymmetrischen Becken und solchen mit Randsockel markieren Sie die Ecken mit Stäben senkrecht zur Umlaufkante.

2 **Entfernen Sie** das Becken, und ersetzen Sie die Stäbe durch Pflöcke, die Sie mit einer Schnur verbinden. So erhalten Sie die Umrisse der Beckenaußenkante.

Ausheben der Sockelstufe

1 **Markieren Sie 15–25 cm** außerhalb der Richtschnur den Umriss mit dem Spaten. Dadurch schaffen Sie genügend Platz für das spätere Auffüllen mit verdichteter Erde, die für die Sicherung der Beckenseiten erforderlich ist.

2 **Messen Sie die Tiefe** des Beckens von der Außenkante bis zum Randsockel mit Bandmaß und Wasserwaage. Heben Sie nun eine Grube entsprechender Tiefe aus. Diese flache Mulde wird den Randsockel aufnehmen.

3 **Um sicherzugehen,** dass die Grube überall gleich tief ist, legen Sie eine Richtlatte darüber und messen an ihr entlang quer über die Grube mit dem Bandmaß nach.

4 **Entfernen Sie Steine** oder spitze Gegenstände von allen Kontaktflächen, damit keine Kratzer oder Risse im Becken entstehen. Treten Sie dann die Oberfläche fest und eben.

Ausheben der Tiefwasserzone

1 **Zur Markierung** der Tiefwasserzone drücken Sie das Becken fest in Position, so dass es einen Abdruck im Boden hinterlässt. Messen Sie die Höhe der Tiefwasserzone, und graben Sie eine Mulde mit schrägen Wänden; geben Sie wieder überall 5 cm für ein Polster aus weichem Sand zu.

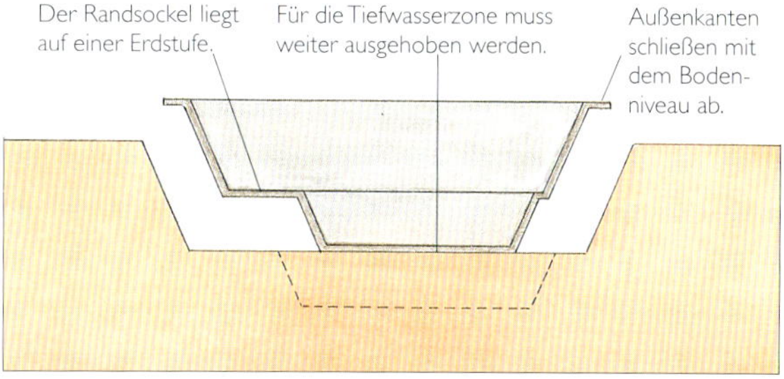

2 **Heben Sie die erforderliche Tiefe aus,** und entfernen Sie spitze Steine. Kleiden Sie die gesamte Mulde mit einer 5 cm dicken Schicht weichem Sand aus; feuchter Sand haftet besser an den Seiten.

3 **Setzen Sie das Becken** in die Mulde, und prüfen Sie die Position mit der Wasserwaage. Korrigieren Sie durch Zugeben oder Wegnehmen von Sand. Füllen Sie etwas Wasser ein, damit das Becken sich setzt.

Auffüllen und Festigen

1 Füllen Sie den Spalt zwischen Becken und Boden mit Sand. Dabei müssen Sie eventuell etwas Erde von der Beckenkante zurückschieben oder -harken, damit sie nicht einbricht.

2 Stampfen Sie den Sand zwischendurch immer wieder rund um das Becken mit einem Stück Holz tief ein, damit die Teichschale gerade steht und stabil bleibt.

Einfassung mit Platten

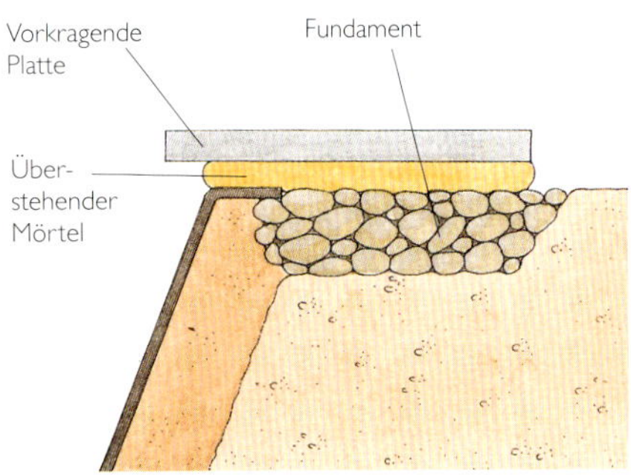

1 Heben Sie rundum eine 6 cm tiefe Furche in der Breite der Platten aus, und füllen Sie sie mit einer Schicht Schotter, die bis unter die Beckenkante reichen muss.

2 Verlegen Sie die Platten auf Mörtel so, dass sie 5 cm über die Beckenkante ragen. Für die Ecken verwenden Sie ganze Platten und schneiden andere bei Bedarf zu.

ANLAGE EINES ERHÖHTEN TEICHS

Stützt man die Seiten von starren Becken gut ab, lassen sich auch erhöhte Teiche anlegen. Die notwendigen Arbeiten erfordern gewisse Fertigkeiten. Zur Stabilisierung der Tiefwasserzone reicht das Erdreich aus, der Sockel kann mit einer Mauer aus Schlackenstein auf einem Betonfundament gestützt werden. Der Rand ist durch die Einfassung fixiert, die entstandene Lücke kann man frei lassen oder in kälterem Klima mit Styroporblöcken auffüllen.

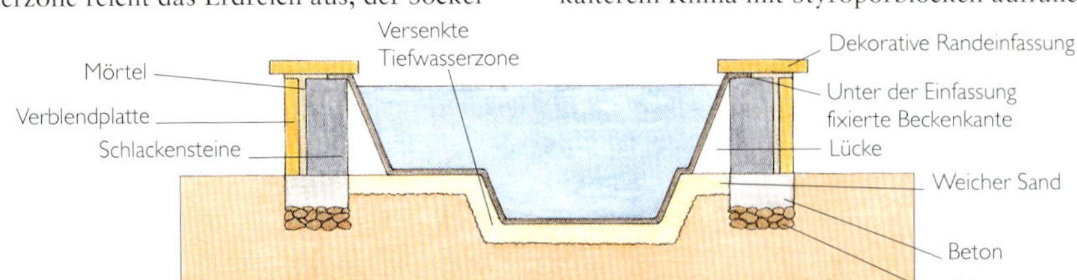

Pflanzen für den formalen Stil

Teiche im formalen Stil imitieren nicht die Natur und sind daher ideal für strukturierende Pflanzen, deren Blätter und Formen durch das Spiegelbild im Wasser noch spektakulärer wirken. Kühle Grün-, Blau- und Weißtöne schaffen eine ruhige Atmosphäre. Benutzen Sie Pflanzkörbe *(S. 56)*, um die Ausbreitung besonders kräftiger Pflanzen einzudämmen.

Senkrechte und waagerechte Ebenen

Dieser reizvolle formal gestaltete Teich mit seiner exquisiten, aber zurückhaltenden Bepflanzung hat einen kleinen Innenhof verwandelt. Die Schwertblätter der Iris und die Speere der Rohrkolben *(Typha)* betonen die Senkrechte und verstärken damit die klaren Linien der Pflasterung und des ruhigen Wasserspiegels. Die Seerosenblätter mildern die Symmetrie der Steinplatten. Farbwiederholungen und der Einsatz nur weniger Pflanzen sorgen für Struktur und halten die Anordnung zusammen.

ASPEKT HÖHE
Die Typha latifolia *›Variegata‹ besticht durch ihre senkrechten Linien.*

ASPEKT FARBE
Die tiefroten Blüten der Nymphaea *›Froebelii‹ sorgen für Farbe und Eleganz.*

Für formstrenge Teiche

UFERPFLANZEN
- *Calla palustris*
- *Cyperus longus*
- *Iris laevigata*
- *Iris pseudacorus* ›Variegata‹
- *Juncus effusus* ›Spiralis‹
- *Pontederia cordata*
- *Typha minima*
- *Zantedeschia aethiopica*

KLEINE SEEROSEN
- *Nymphaea* ›Aurora‹
- N. ›Gonnère‹
- N. x *helvola*
- N. ›James Brydon‹
- N. ›Laydekeri Fulgens‹
- N. ›Lucida‹
- N. ›William Falconer‹

Pflanztiefe

Die meisten Fertigteiche haben einen flachen Sockel und eine Tiefwasserzone für Ufer- und Tiefwasserpflanzen. Der Sockel sollte so breit sein, dass Pflanzgefäße für die Uferpflanzen Platz darauf haben. Tiefwasserpflanzen, so z. B. Seerosen, nutzen die volle Tiefe des Teichs; Jungpflanzen, die seichteres Wasser brauchen, können Sie auf Backsteine stellen.

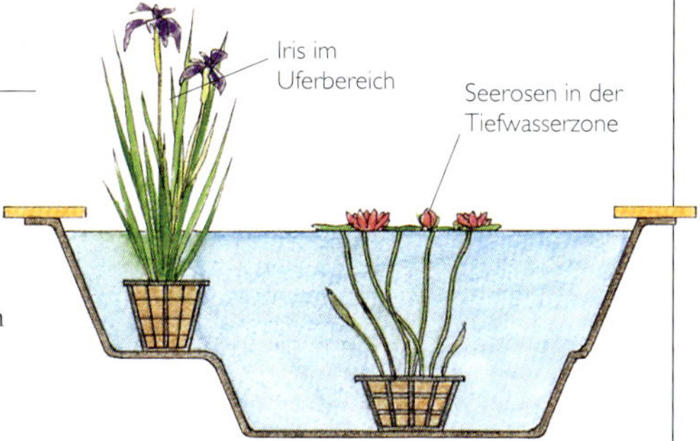

DER NATURNAHE STIL

TEICHFOLIE IST FÜR NATURNAH GESTALTETE TEICHE IDEAL; sie bietet die Möglichkeit, einen flachen Uferbezirk, ein kleines Sumpfgebiet und Pflanzen zu integrieren, die Tiere anziehen. Ausschlaggebend für ein natürliches Aussehen ist die einfallsreiche Bepflanzung des Teichrands. Durch aufeinander abgestimmte Pflanzen im und am Wasser *(S. 27)* lässt sich ein nahtloser Übergang zwischen Teich und Umgebung herstellen.

EINEN FOLIENTEICH ANLEGEN

Folien sind in unterschiedlichen Qualitäten erhältlich. Polyethylen ist preiswert, reißt aber leicht und wird durch Sonneneinstrahlung brüchig. Es lohnt sich, in eine Folie aus Butyl-Kautschuk oder PVC zu investieren. Sie sollte immer mit anderem Material unterlegt oder durch eine 10 cm dicke Sandschicht geschützt werden. Berechnen Sie vor dem Kauf die Foliengröße *(rechts)*; dabei sind Zugaben zu berücksichtigen, wenn Sie z. B. kleine Sumpfgebiete oder eine Uferzone integrieren möchten *(S. 29–31)*.

Hochwertiger Butyl-Kautschuk wiegt ca. 1 kg/m^2; Sie werden also zum Verlegen Hilfe brauchen. Zunächst sollten Sie die Folie eine halbe Stunde in der Sonne ausgebreitet liegen lassen, da sie durch die Wärme geschmeidiger wird und sich den Konturen der Teichmulde leichter anpassen lässt. Rollen Sie sie dann wieder auf, um sie zum Teich zu transportieren. Wählen Sie eine einfache Grundform für den Teich; der Boden kann durch unterschiedlich tiefe Pflanzstufen gestaltet werden *(S. 32–33)*. Sie können den Teich mit Rasen oder Pflanzen einfassen oder auch auf einer Seite eine naturnahe, befestigte Plattform als Zugang oder Aussichtspunkt anlegen *(S. 26)*.

PRAKTISCHE TIPPS

- Zur Berechnung der Foliengröße addieren Sie zur Länge und Breite des gewünschten Teichs jeweils die zweifache Tiefe plus ca. 50 cm für die Randgestaltung.
- Bei steilen Ufern entsteht durch das eingefüllte Wasser Zug, so dass die Folie leicht reißt. Bei sanften Böschungen verringert sich der Zug.

FORM MARKIEREN *Auch bei einem naturnahen Teich muss die Umgebung plan sein, da sich die Folie sonst nicht gut kaschieren lässt. Verwenden Sie Pflöcke und Wasserwaage, um sicherzustellen, dass die Teichränder vollkommen waagerecht sind.*

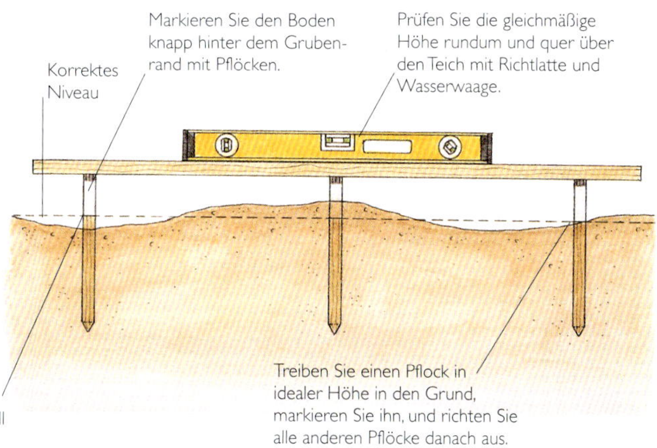

◀ NATÜRLICHES AUSSEHEN *Schwarze Teichfolie ist kaum zu sehen, wenn der Teich bepflanzt ist.*

WERKZEUG

- Markierpflöcke
- Fäustel
- Wasserwaage
- Richtlatte
- Spaten und Schaufel
- Harke
- Ziegelsteine zur provisorischen Fixierung der Folie

MATERIAL

Der abgebildete Teich ist ca. 3 × 2 m groß und 60–65 cm tief:

- 0,5 m³ weicher Sand
- 5 × 4 m Polstermatte
- 5 × 4 m Folie
- 25–30 Rasenplatten, 30 × 30 cm, die für die Uferbefestigung halbiert werden (hier vom Grubenrand abgetragen).

MARKIEREN UND AUSHEBEN DER FORM

1 **Markieren Sie den Umriss** mit Sand *(kleine Abb.)*, und treiben Sie auf dieser Linie einen Pflock bis zur idealen Höhe ein *(S. 23)*. Positionieren Sie die übrigen Pflöcke in regelmäßigen Abständen. Mit Wasserwaage und Richtlatte prüfen, ob sie auf gleicher Höhe liegen.

2 **Heben Sie den Boden** um den Rand 5 cm tief und 30 cm breit ab und den Teich 20 cm tief aus (Oberboden aufbewahren). Harken Sie den Grund und entfernen Sie alle Steine. Markieren Sie dann die Tiefwasserzone mit Sand. Der Randsockel sollte 30 cm breit sein.

3 **Heben Sie die markierte Zone** 45–50 cm tief aus (Aushub nicht mehr verwenden). Entfernen Sie mit der Harke kantige Steine. Verteilen Sie eine 2,5 cm dicke Schicht Sand über den Grund, da der Wasserdruck hier am höchsten ist. Entfernen Sie die Pflöcke.

Verlegen von Poltermatte und Teichfolie

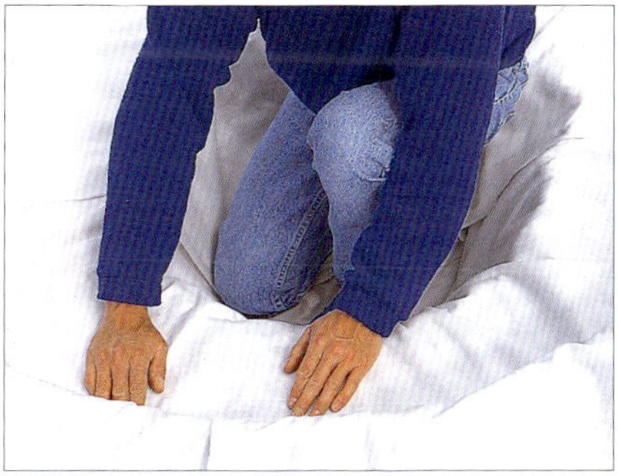

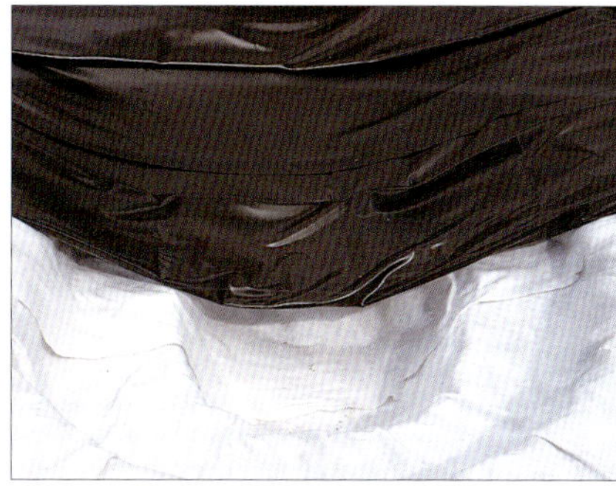

1 **Entfernen Sie alle Steine** aus den Grubenwänden. Klopfen Sie die Seiten mit den Händen an. Breiten Sie nun das Polstermaterial über die Teichgrube. Drücken Sie es fest an.

2 **Entfalten Sie die Folienrolle** über der Grube. Dehnen Sie das Material dabei nicht, das mindert seine Elastizität, es kann dann von scharfen Gegenständen aufgerissen werden.

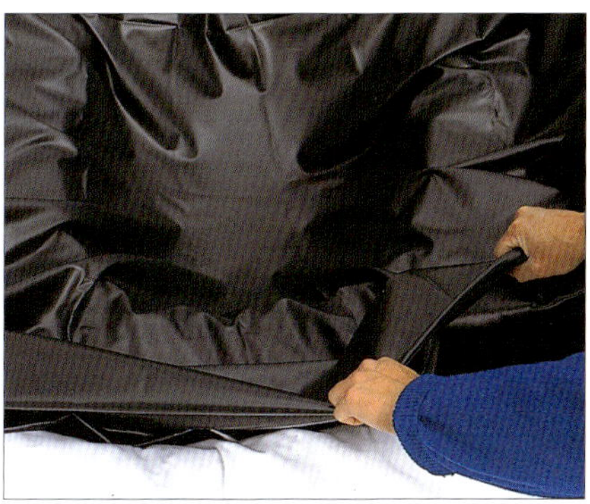

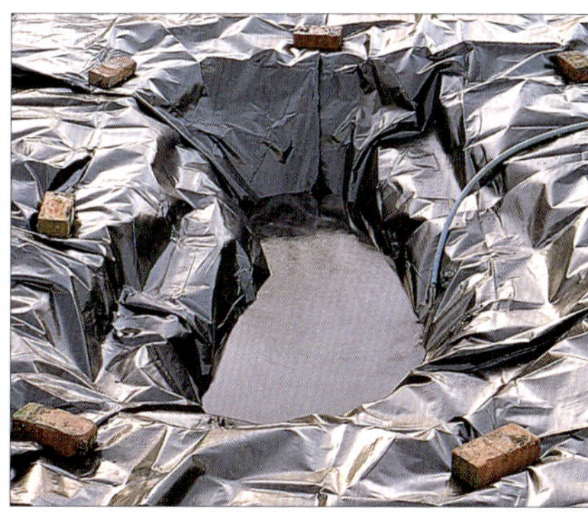

3 **Rollen Sie die Folie ab,** bis sie ganz über den Teich gebreitet ist. Lassen Sie die Seiten großzügig überstehen. Legen Sie die Folie, wo nötig, in Falten, bevor Sie Wasser einfüllen.

4 **Fixieren Sie die Folie** mit Steinen, und füllen Sie langsam Wasser ein, wodurch die Folie sanft nach unten gezogen wird. Versetzen Sie dabei die Steine, wenn nötig, nach außen.

ECKEN AUSKLEIDEN

Bei schärferen Krümmungen müssen Sie die Folie häufig fälteln, vor allem wenn Sie einen Randsockel angelegt haben. Je sorgfältiger Sie arbeiten, desto weniger fallen die Falten auf. Durch das Gewicht des Wassers werden sie in der Regel angedrückt; andernfalls können Sie die gefältelten Partien mit wasserfestem Klebeband sichern. Straffen Sie Kniffe und Falten nicht zu sehr, damit die Folie nicht starkem Zug ausgesetzt ist. Führen Sie diese Arbeiten möglichst vor dem Befüllen des Teichs aus, da Korrekturen durch das bloße Gewicht des Wassers nur noch schwer durchzuführen sind.

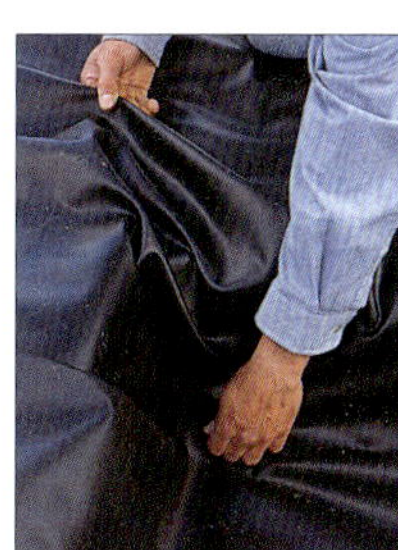

▲ FÄLTELN
Fixieren Sie die Folie während des Fältelns mit Steinen.

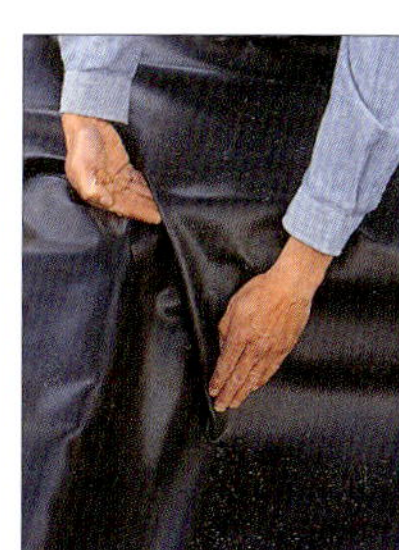

▲ EINSCHLAGEN
Schlagen Sie überschüssige Folie ein: Das Wasser drückt Falten an.

Randvorbereitung

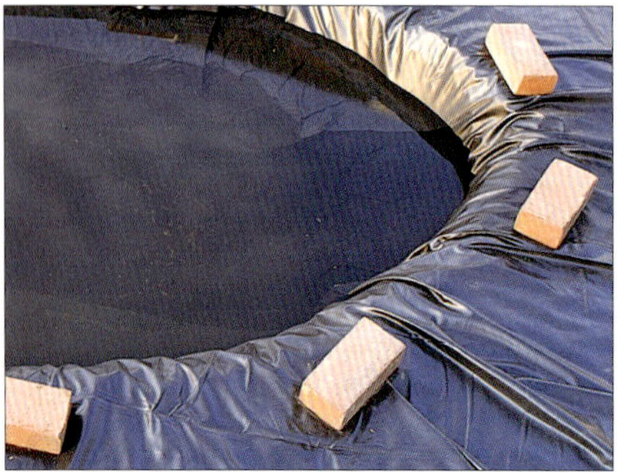

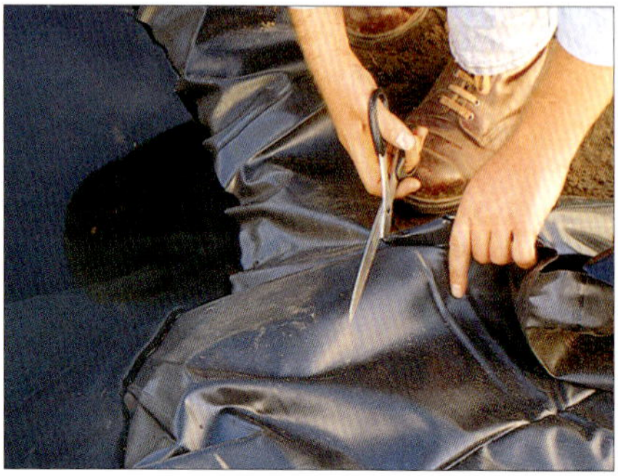

1 **Wenn der Teich** bis 5 cm unterhalb des Randes aufgefüllt ist, entfernen Sie die Ziegelsteine und lassen den Teich einige Stunden ruhen, damit sich die Folie richtig setzen kann.

2 **Schneiden Sie die überstehende Folie** und Polsterung auf etwa 10 cm zurück. Bewahren Sie einen Teil des abgeschnittenen Materials für zukünftige Reparaturen *(S. 61)* auf.

Vorbereitung des Pflanzgrunds

Legen Sie zwei überlappende Schichten Soden (Gras nach unten) um den Rand, so dass sie die Folie verdecken. Gleichen Sie den Boden mit dem ausgehobenen Oberboden an.

▶ RANDBEFESTIGUNG

Die Rasenplatten sorgen für eine recht gute Randbefestigung, die durch wurzelnde Pflanzen noch stabiler wird. Betreten Sie den Rand erst, wenn er durchwurzelt ist.

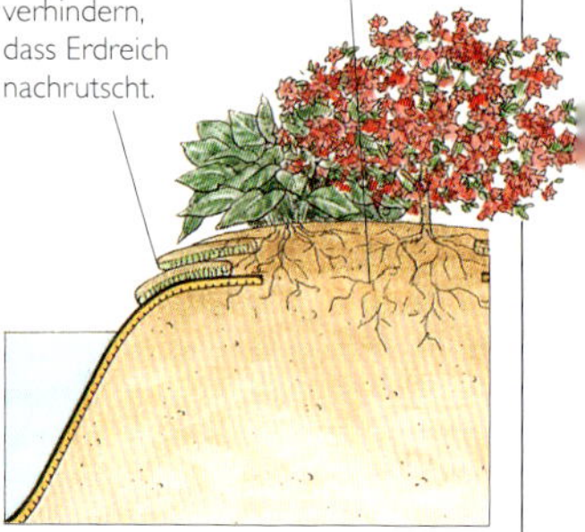

Pflastern einer Plattform

1 **Bei einer einfachen Umrandung** mit überstehenden Platten kann Mörtel auf den Folienrand aufgetragen werden. Eine formale Pflasterung erfordert ein Fundament *(S. 20)*.

2 **Platten sollten ca. 5 cm vorkragen,** um die Folie zu verdecken. Es darf kein Mörtel ins Wasser fallen, sonst muss der Teich geleert, gesäubert und wieder gefüllt werden.

BEPFLANZUNG NATURNAHER TEICHE

Die Farbe der Blüten ist nur ein Aspekt für die Auswahl der Pflanzen eines naturnahen Teichs. Blattpflanzen sorgen für den üppigen, satten Eindruck und den Kontrast kühler Grüntöne. Integriert man Gruppen mit sich ergänzenden Farben, Formen und Strukturen, wirken die Pflanzungen besser. Für die Auswahl siehe »Pflanzen für den Wassergarten« *(S. 63–77)*.

PFLANZENGEMEINSCHAFTEN

Auch wenn der Teich von normaler Gartenerde umgeben ist, lässt sich eine Verbindung zwischen Wasser- und Randbepflanzung herstellen. Bodendeckende Koniferen *(rechts)* erinnern an wogende Wassergräser und verbinden sich harmonisch mit verwittertem Stein. Verwenden Sie auch vertikal ausgerichtete Pflanzen wie Gräser und Iris, die Silhouetten und Blattformen im Wasser oder im Garten aufgreifen. Durch ihr Spiegelbild wird der Effekt noch verstärkt.

▲ BINSENSAUM
Carex *wird je nach Art in und um den Teich gepflanzt.*

▲ STREIFENPARADE
Schilfrohr verstärkt den Effekt von Iris mit gestreiften Blättern.

PASSENDE PFLANZEN

- Pflanzen Sie Funkien um den Teich, deren Blätter *Pontedaria* und *Sagittaria* entsprechen.
- Gelbe Trollblumen am Ufer wiederholen die Blütenform und -farbe gelber Teichrosen *(Nuphar)* und Seekannen *(Nymphoides)*.
- Zu den Blättern von Schwimmendem Froschbiss *(Hydrocharis morsus-ranae)* passen an Land z. B. die Blätter des Felberich *(Lysimachia)*.
- Stellen Sie den bronze- oder purpurfarbenen Blättern vieler Seerosen dunkelblättrige Stauden gegenüber.

VERSCHIEDENE EBENEN

Betrachten Sie Randsockel und Uferzonen als Terrassierung, die es ermöglicht, Pflanzarrangements auf verschiedenen Ebenen zu inszenieren. Dazu eignen sich vor allem Teiche, die von einer Seite betrachtet werden, so dass Sie die Pflanzen wie auf einer Bühne präsentieren können. Das Thema Blattspeere *(rechts)* kann am Ufer mit hohen Gräsern und Bambus aufgegriffen werden. Ein weiterer Vorteil der Terrassierung ist, dass der Teich geschützt ist, ohne allzu viel Schatten ausgesetzt zu sein.

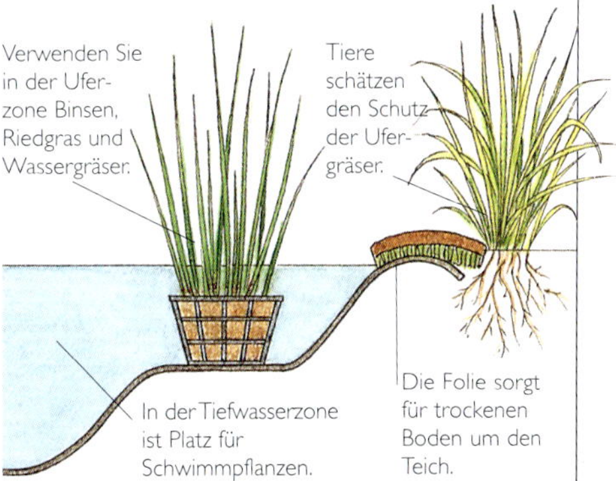

SUMPFGEBIET UND UFER

IM GEGENSATZ ZU DEN STARREN FERTIGTEICHEN können Sie bei Folienteichen Gestaltungselemente wie ein sanft abfallendes Ufer oder ein seichtes Sumpfgebiet um den Teichrand aufnehmen. Das verstärkt nicht nur das natürliche Aussehen des Teichs, sondern bietet auch der heimischen Tierwelt ideale Bedingungen: Vögel können sich zum Baden nähern, und Amphibien finden Schutz in feuchten, durchdacht bepflanzten Bezirken um den Teich.

DER SUMPFGARTEN

Es gibt zwei Möglichkeiten, einen Bereich für feuchtigkeitsliebende Pflanzen anzulegen, ohne dabei den Teich durch Wasserverlust zu gefährden: Sie können eine Folie kaufen, die so groß ist, dass sie nicht nur den Teich, sondern auch die Randzone bedeckt und einen dahinter liegenden muldenförmigen Sumpfgarten auskleidet, der mit Erde gefüllt wird; oder Sie kleiden eine Grube neben dem Teichrand mit (preiswerterer) Polyethylenfolie aus *(S. 30)*. Hierfür eignen sich überlappende Planen noch besser als ein durchgehendes Folienstück, denn zur Drainage der wasserdurchtränkten Erde müssen ohnehin Löcher in die Folie gestochen werden, um Staunässe und Versäuern des Bodens zu vermeiden. Da der Boden in beiden Fällen vollkommen vom Teich getrennt ist, damit die Sumpfpflanzen ihm kein Wasser entziehen können, muss er separat und regelmäßig bewässert werden.

PRAKTISCHE TIPPS

- Ein Sumpfgarten muss mindestens 40–45 cm tief sein, sonst trocknet er zu schnell aus und das Wasser wird nicht effizient genutzt.
- Kaschieren Sie mit Folie bezogene Buckel, die als Barriere zwischen Teich und Sumpf dienen, mit auf Mörtel gesetzten Steinen.
- Ein Sickerschlauch, der im Sumpfgarten verborgen ist, vereinfacht die Bewässerung.

TEICHERWEITERUNG MIT FOLIE
Hosta und Ligularien am Rand müssen trotz Teichnähe regelmäßig bewässert werden, da zur Vermeidung von Staunässe auf eine Drainage nicht verzichtet werden kann.

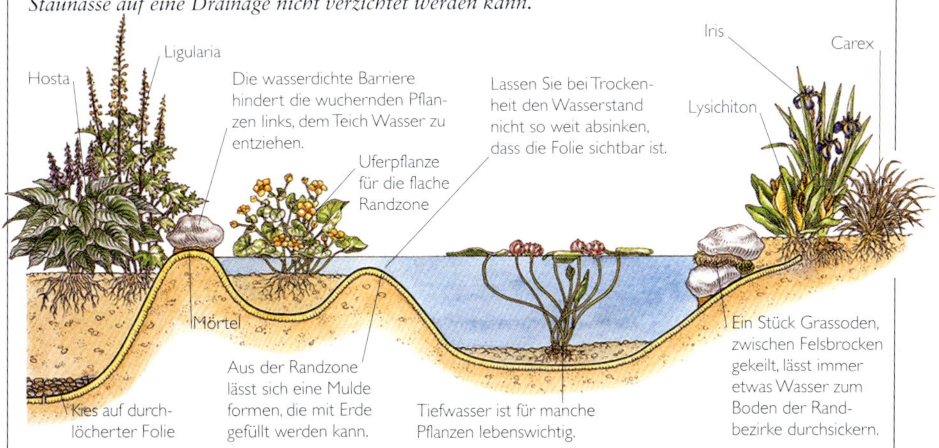

◄ SUMPFPFLANZEN *Ein Sumpfgebiet verhilft auch einem trockenen Garten zu üppiger Vegetation.*

WERKZEUG
- Spaten
- Harke
- Grabgabel
- Messer/Schere

MATERIAL
Für einen Sumpfgarten von etwa 2 m Durchmesser:
- 3,5 × 3,5 m strapazierfähige Polyethylenfolie
- 0,5 m³ Feinkies

(Bei anderen Größen ändert sich die Menge; lassen Sie sich beraten.)

Auskleiden eines Sumpfgartens

1 **Markieren Sie die Form**, und heben Sie sie ca. 60 cm tief mit schrägen Seiten aus (Oberboden aufbewahren). Entfernen Sie spitze Steine mit der Harke.

2 **Breiten Sie die Folie** über der Grube aus, und drücken Sie sie in Form. Fixieren Sie sie mit Steinen, während Sie mit einer Grabgabel Drainagelöcher einstechen.

Auffüllen mit Kies und Erde

1 **Verteilen Sie** mit der Harke eine 5 cm dicke Schicht Feinkies. Das verbessert die Drainage und bewirkt, das der Boden nicht sauer wird.

2 **Füllen Sie mit Erde auf;** entfernen Sie vor Erreichen der Oberkante die Steine und überschüssige Folie. Stampfen Sie den Boden fest, und wässern Sie gut. (Man kann auch einen Sickerschlauch mit verschlossenem Ende in den Kies einbetten. Das oberirdische Ende versieht man mit einem Anschluss-Stück.)

▶ FERTIGE BEPFLANZUNG *Feuchtigkeitsliebende Pflanzen wie (von links) Etagenprimeln,* Rheum, *Sumpfdotterblumen* (Caltha) *und Farne gedeihen prächtig, wenn der Boden immer gut bewässert wird. Bedecken Sie den Folienrand mit Erde.*

DAS UFER

Ein einfacher, leicht abschüssiger Uferbereich ist ein preisgünstiger zusätzlicher Anziehungspunkt, auch für Tiere. Wenn sie in Uferpflanzen Schutz suchen können, nutzen Amphibien ihn zum Sonnen, und Vögel und kleine Säugetiere können leichter zum Wasser gelangen, um zu trinken und zu baden. Berücksichtigen Sie die Uferzone schon bei der Planung des Teichs, damit Sie eine ausreichend große Folie besorgen.

NATÜRLICHE GESTALTUNG

Verwenden Sie nur rundgeschliffene Steine, da scharfe Kanten die Folie beschädigen können. Wählen Sie die verschiedensten Größen, und lassen Sie einige Steine als kleine Ruhe- und Badeinseln aus dem Wasser gucken. Wenn Sie Großkiesel und Bachkiesel kombinieren und die kleineren Steine nahe am Wasser verteilen, kommen Sie der Natur sehr nahe. Versuchen Sie, Steine zu finden, die in Farbe und Struktur zu den anderen Gestaltungsmaterialien Ihres Gartens passen. Lassen Sie zwischen den großen Steinen am Teichrand Platz für Pflanznischen.

▶ LEICHTES GEFÄLLE
Mit leichtem Gefälle senkt sich dieses Kieselufer in den naturnah gestalteten Teich. Viele Nischen wurden üppig bepflanzt, um Tieren Rückzugsmöglichkeiten zu bieten.

SO WIRD'S GEMACHT

Legen Sie vom Rand des Teichaushubs her ein Ufer an, das sanft abfällt. Die Folie muss den gesamten Uferbezirk abdecken, da sonst das Teichwasser versickert. Verlegen Sie Polsterung und Folie, vermörteln Sie Großkiesel auf dem Uferbezirk und ergänzen Sie sie mit losen Kieseln und Kies. Durch die befestigten großen Kiesel rutschen die Übrigen nicht ins Wasser. Setzen Sie am oberen Uferrand große Steine bzw. Findlinge, die die Folie gut verdecken.

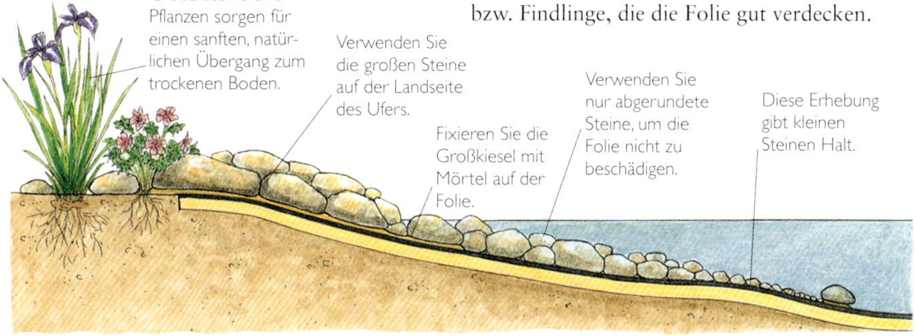

Optimale Bepflanzung

Sind Teichboden und -rand mit unterschiedlichen Pflanztiefen gestaltet, kann man die gesamte Vielfalt der Wasser- und Uferpflanzen nutzen. Ein gut bepflanzter Teich hat auch einen großen Reiz für Tiere, besonders wenn einheimische Pflanzen und Wildblumen verwendet wurden; er bietet ihnen Schutz und versorgt sie mit artgerechter Nahrung und Wasser.

Fakten der Landschaftsgestaltung

Zwar können Sie dem Teichrand jede gewünschte Form geben *(unten)*, beachten sollten Sie jedoch, dass der Teich eine Tiefwasserzone benötigt: Sie ist für viele schöne Pflanzen erforderlich, bietet der Wasserfauna Rückzugsgebiete und Brutplätze und sichert vor allem eine ausreichende Wassermenge, die allzu heftige Temperaturschwankungen verhindert. Ein Gewässer, das tiefer als 30 cm ist, wird sich einerseits kaum in der Sonne so aufheizen, dass seine Tier- und Pflanzenwelt gefährdet wird, und andererseits im Winter nicht durchfrieren.

IM GLEICHGEWICHT
Pflanzen sollen den Teich mitgestalten, ihn aber nicht beherrschen, damit Ufermaterial und Wasseroberfläche selbst zu sehen sind.

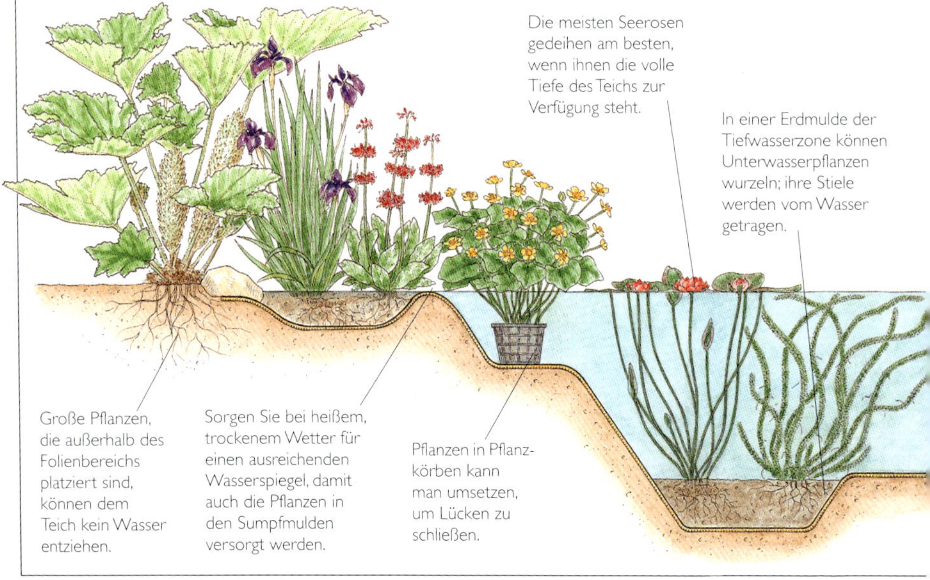

VERSCHIEDENE PFLANZTIEFEN UND -EBENEN

Für einen dauerhaft gesunden Teich brauchen Sie zunächst funktionale Pflanzen für die Tiefwasserzone: Unterwasserpflanzen, die Sauerstoff bilden, und Schwimmpflanzen, deren treibende Blätter Schatten spenden *(S. 51)*. Solche Pflanzen sind zweckmäßig und dekorativ, Seerosen sind das beste Beispiel. Dann können Sie aus einer Fülle von Uferpflanzen und feuchtigkeitsliebenden Pflanzen wählen, die die Wasserfläche einrahmen. Für ein natürliches Aussehen ist eine üppige Bepflanzung notwendig; bedenken Sie, dass feuchtigkeitsliebende und Wasserpflanzen schnell und kräftig wachsen. Pflanzkörbe begrenzen das Wachstum, dennoch sollten Sie regelmäßig ausdünnen und teilen *(S. 59–60)*, um eine anhaltende Blüte sicherzustellen. Je größer ein Teich ist, desto seltener muss man sein ökologisches Gleichgewicht durch Herausheben, Teilen und Ersetzen von Pflanzen, Ausdünnen der Sauerstoffbildner und Bodensäuberung stören. In einem großen Teich, wie unten abgebildet, lassen sich mit Erde verfüllte Gräben und Beete anlegen, so dass die Pflanzen sich freier ausbreiten und zusammenwachsen können.

SCHWIMMPFLANZEN *Seerosen (S. 66–68), wie die ›Escarboucle‹, sind die beliebtesten Tiefwasserpflanzen. Wählen Sie je nach Teichgröße kleinere oder wüchsigere Arten.*

UFERPFLANZEN *Uferpflanzen (S. 70–73), die in seichtem Wasser oder sumpfigem Boden gedeihen, wie die* Caltha palustris, *bilden einen weichen Übergang am Rand des Teichs.*

TEICHUMGEBUNG *Feuchtigkeitsliebende Pflanzen wie diesen Straußfarn* (Matteuccia struthiopteris) *gibt es viele (S. 74–77). Sie ergänzen die Ufer- und Wasserpflanzen.*

Schwimmpflanzen und Sauerstoff bildende Pflanzen können in den Spalten der vermörtelten Steine im spärlich bewachsenen Uferbereich wurzeln.

Schwimmpflanzen wie die *Pistia stratiotes* treiben frei auf der Oberfläche.

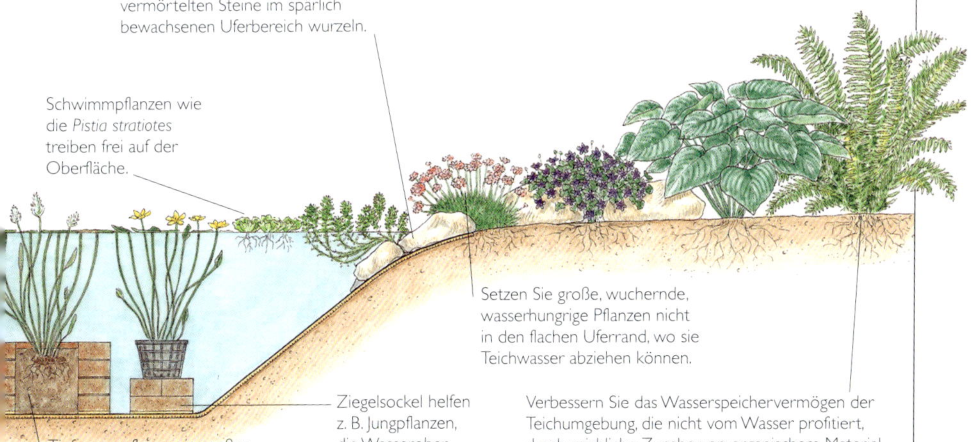

Setzen Sie große, wuchernde, wasserhungrige Pflanzen nicht in den flachen Uferrand, wo sie Teichwasser abziehen können.

Tiefwasserpflanzen in großen Biotop-Teichen können in einem erdgefüllten Ziegeltrog stehen.

Ziegelsockel helfen z. B. Jungpflanzen, die Wasseroberfläche zu erreichen.

Verbessern Sie das Wasserspeichervermögen der Teichumgebung, die nicht vom Wasser profitiert, durch reichliche Zugabe von organischem Material und Mulch. Wässern Sie Jungpflanzen regelmäßig, bis sie gut angegangen sind.

MINIATURTEICHE

IN BEHÄLTERN LÄSST SICH EIN WASSERGARTEN auch auf winzigstem Raum anlegen: auf Dachterrassen und Veranden, in Innenhöfen und sogar im Gewächshaus. Einen Miniaturteich unter Glas können Sie mit Pflanzen bestücken, die in unseren Breiten sonst nicht überleben. Nahezu jeder Behälter ist geeignet, solange er wasserdicht ist, den Pflanzen genügend Tiefe bietet und vor allzu heftigen Temperaturschwankungen bei Hitze schützt.

DER VERSENKTE MINIATURTEICH

Ein im Boden versenkter Behälter hält das Wasser im Sommer kühl und bietet gleichzeitig einen gewissen Schutz vor Frost, der bei frei stehenden Behältern zum Problem werden kann. Überdies kann er weniger schön und preisgünstig sein. Bepflanzt man dieses Kleinstgewässer durchdacht, erscheint es wesentlich größer; mit einer Folie lassen sich rundum kleine Sumpfgebiete anlegen *(S. 30)*, oder man verwendet dekorative Materialien als Einfassung.

WERKZEUG
- Spaten und Kelle
- Richtlatte
- Wasserwaage

MATERIAL
- Kunststoffbehälter
- Für die Randgestaltung 40 kg Großkiesel, 50 kg Kiesel, Platten verschiedener Größe und Fertigmörtel

MARKIEREN UND AUSHEBEN

1 Markieren Sie mit Hilfe des Behälters seinen Umfang und geben Sie rundum 5 cm für das Verfüllen zu. Messen Sie anschließend die Tiefe des Behälters aus.

2 Heben Sie mit dem Spaten ein entsprechend großes Loch aus. Halten Sie sich bei krümeligem Boden so weit wie möglich vom Loch entfernt, damit die Wände nicht einbrechen.

3 Testen Sie immer wieder, ob die richtige Tiefe erreicht ist, und setzen Sie den Behälter ein, sobald er bündig mit dem Boden abschließt.

PFLANZENPRACHT *In einem Miniaturteich sollten die Pflanzen regelmäßig geteilt werden.*

NIVELLIEREN UND VERFÜLLEN

1 **Legen Sie eine Richtlatte** über den Kübel, und prüfen Sie mit der Wasserwaage, ob er eben steht. Ist das Loch uneben, wird der Behälter an einer Seite überstehen, was den Gesamteindruck stark beeinträchtigt.

2 **Füllen Sie das Loch** um den Behälter nach und nach mit Erde auf, die sie immer wieder mit der Richtlatte festklopfen, damit der Kübel sicher steht und bündig abschließt.

KIESELEINFASSUNG

1 **Verteilen Sie** um die Behälterkante Fertigmörtel, in den Sie Großkiesel drücken. Arbeiten Sie abschnittsweise, und achten Sie darauf, dass die Steine leicht über die Kübelkante hinausragen *(kleine Abb.)* und schließlich den ganzen Rand verdecken.

2 **Legen Sie**, nach Größe oder nach Belieben sortiert, auf dieselbe Weise einen zweiten Kreis großer Kiesel um den Behälter. Sobald sie fest sitzen, können Sie weitere Steine um den Teich verteilen, ohne sie zu fixieren.

Gestaltung und Bepflanzung der Umgebung

1 Fügen Sie ein paar unregelmäßige Steinplatten hinzu. Zwei oder drei hintereinander bilden Trittplatten, von denen man den Teich betrachten und die Pflanzen versorgen kann. Setzen Sie Wasserpflanzen in den Teich, wobei Sie Uferpflanzen in ihren Pflanzkörben auf Ziegelpodeste stellen, damit sie die geeignete Höhe erreichen. Junge Seerosen brauchen vorübergehend Ziegelpodeste, damit die neuen Triebe an die Oberfläche kommen. Verteilen Sie weitere Pflanzen um den Teich.

2 Pflanzen Sie nun die ausgesuchten Exemplare ein, und wässern Sie sie gut. Fügen Sie weitere Kiesel hinzu, bis das Arrangement Sie überzeugt; füllen Sie dann mit Kies auf. Dieser dekorative Mulch unterdrückt das meiste Unkraut und – noch wichtiger – hält den Boden für feuchtigkeitsliebende Pflanzen wie Farne kühl und feucht. Wässern Sie die Pflanzen in der ersten Saison regelmäßig, damit sie gut einwurzeln.

VERWENDETE PFLANZEN

WASSERPFLANZEN

Seerosen:
Nymphaea ›Froebelii‹
Sauerstoffbildner:
Myriophyllum aquaticum
Senkrecht betonte Pflanze (im Korb auf Ziegelpodest):
Iris laevigata ›Variegata‹

PFLANZEN AM RAND

Digitalis grandiflora (großblüt. Fingerhut)
Iris ›Arctic Fancy‹
Iris ›Banbury Beauty‹
Lysimachia punctata ›Aurea‹ (Goldfelberich)

Farne:
Dryopteris affinis
Dryopteris wallichiana
Gräser:
Molinea caerulea
Phalaris arundinacea ›Picta‹

Weitere Ideen für Miniaturteiche

Glasierte Keramikkübel und -gefäße (deren Ablauflöcher verstopft wurden) und Zinkwannen geben eindrucksvolle Teichbecken ab, Lichtreflexe schimmern auf der Oberfläche von Gefäß und Wasser. Sie sind aber nicht frostbeständig. Aus halbierten Fässern werden ebenfalls hübsche Miniaturteiche. Sie können frei stehend mit ein paar umgebenden Pflanzen und eventuell einigen großen Steinen aufgestellt oder auch teilweise oder ganz versenkt werden.

Wasserdichte Fässer

Wenn Fässer mit Flüssigkeit gefüllt werden, schwellen ihre Dauben an, so dass sich die Fugen schließen. Neue, gute Fässer sollten also wasserdicht sein. Alte Fässer hingegen und fassartige Pflanzkübel, die für Blumenerde gedacht sind, können lecken, so dass Wasserpflanzen in Gefahr geraten. Eine wasserfeste Versiegelung mit einem handelsüblichen Produkt oder das Auskleiden mit Folie dichtet Leckstellen ab und verhindert, dass Reststoffe in alten, gebrauchten Fässern ins Wasser gelangen und es belasten.

◄ AUSKLEIDEN EINES FASSES
Sie befestigen die Folie mit verzinkten Nägeln oder Tackerklammern und schneiden Überstände ab. Um die Folie zu kaschieren, bepflanzen Sie den Rand mit buschigen Pflanzen.

◄ HOLZVERSIEGELUNG
Streichen Sie den Behälter bis zum Rand mit einem bewährten Produkt, und lassen Sie ihn gründlich trocknen. Vor der Bepflanzung probeweise mit Wasser füllen, um zu prüfen, ob er dicht ist.

GEEIGNETE WASSERPFLANZEN

Ihr Behälter sollte zwei bis drei Pflanzkörbe aufnehmen können; ergänzen können Sie das Bild mit Schwimmpflanzen. Hochwachsende Pflanzen mit schmalen Blattlanzen, wie Iris, Binsen und Riedgras, brauchen am wenigsten Platz und lassen Raum für kleine Seerosen oder frei treibende Pflanzen wie den Froschbiss. Begrenzen Sie das Wachstum durch regelmäßiges Teilen.

KLIMAFRAGEN

Wenn Sie den Behälter über Winter nicht draußen lassen oder sicher überwintern können, müssen Sie ihn im Frühjahr neu bepflanzen. Die Rhizome der Seerosen und Iris kann man in kühlem, feuchtem Sand lagern, nachdem sie sich eingezogen haben. Mit einem Gewächshaus ist das Überwintern in kaltem Klima unproblematisch; hier können Sie auch mit empfindlichen Wasserpflanzen experimentieren.

WINTERKÄLTE
Kälte schadet winterharten Pflanzen nicht; sie gehen erst ein, wenn das Wasser gefriert.

UNTER DACH UND FACH
Ein mobiler Miniaturteich ist im Wintergarten ein exotischer Blickpunkt.

DIE PFLANZTIEFEN
Ziegelsteine schaffen unterschiedliche Ebenen für die Bedürfnisse einzelner Pflanzen. Sauerstofferzeuger, die frei schwimmen, arrangieren sich selbst.

AUSWAHL

KLEINE GEWÄCHSE

Hydrocharis morsus-ranae Froschbiss, Schwimmpflanze

Iris ensata Weniger wüchsig als andere Wasseriris-Sorten

***Juncus effusus* ›Spiralis‹** Ungewöhnliche Korkenzieherbinsen

***Nymphaea* ›Froebelii‹, *N.* ›James Brydon‹, *N.* ›Laydekeri fulgens‹** Rot blühende Seerosen

***Nymphaea* ›Odorata Sulphurea Grandiflora‹, *N. pygmaea* ›Helvola‹** Gelb blühende Seerosen

Typha minima Schlanker Rohrkolben

FROSTEMPFINDLICH

Pistia stratiotes Wassersalat, Schwimmpflanze

Eichhornia crassipes Wasserhyazinthe, Schwimmpflanze

Salvinia auriculata Schwimmender Farn

Myriophyllum aquaticum Federige Unterwasserpflanze

***Nymphaea capensis, N.* ›Blue Beauty‹** Ungewöhnliche, blau blühende Seerosen

Einzelheiten entnehmen Sie bitte *Pflanzen für den Wassergarten (S. 63–77)*.

WASSER IN BEWEGUNG

FLIESSENDES WASSER KANN AUCH DEN KLEINSTEN FLECK mit Glanz und Leben erfüllen. Die Möglichkeiten sind vielgestaltig und reichen vom schlichten kleinen Springbrunnen, der im Teich oder über Steine plätschert *(S. 42)* bis zum ganz individuell geschaffenen Wasserfall oder -lauf. In dicht bebauten Gebieten sollten Sie jedoch auf geräuschempfindliche Nachbarn Rücksicht nehmen: Ein für Sie erholsames Plätschern kann andere stören, besonders nachts.

EIN EINFACHER SPRINGBRUNNEN

Für eine Fontäne, die Bewegung und Leben in Ihren Teich bringt und überdies das Wasser mit Sauerstoff anreichert und es damit gesund erhält, brauchen Sie lediglich eine kleine Niedervoltpumpe *(S. 54)*. Wenn der Strahl nicht höher ist als der halbe Durchmesser des Teiches, spritzt kein Wasser über den Rand. Dennoch ist Wasserverlust durch Versprühen und Verdunsten unvermeidlich: Sie müssen den Teich also immer wieder auffüllen. Je feiner das Wasser versprüht wird, desto höher ist der Wasserverlust. Ein Geysir-Fontänenaufsatz, der eine sprudelnde Wassersäule oder eine Schaumfontäne statt weiter Sprühbögen erzeugt, hält den Verlust so gering wie möglich.

SO WIRD'S GEMACHT

Standardanlagen bestehen aus einer Pumpe mit Steigrohr und Düse. Die Pumpe treibt das Wasser durch den Fontänenaufsatz, der unterschiedliche Spritzmuster bildet. Mit Hilfe des Durchflussreglers wird die Höhe und Breite des Strahls reguliert. Für eine Fontänenhöhe von bis zu 1,2 m reicht eine Niedervoltpumpe, für größere Fontänen wird eine stärkere Pumpe von einem Elektriker direkt ans Stromnetz angeschlossen.

NIEDERVOLTPUMPE

▼ BEPFLANZUNG
Viele Pflanzen, speziell Seerosen, schätzen fließendes Wasser nicht, so dass sie bei einem Springbrunnen oder Wasserfall umsichtig platziert werden müssen.

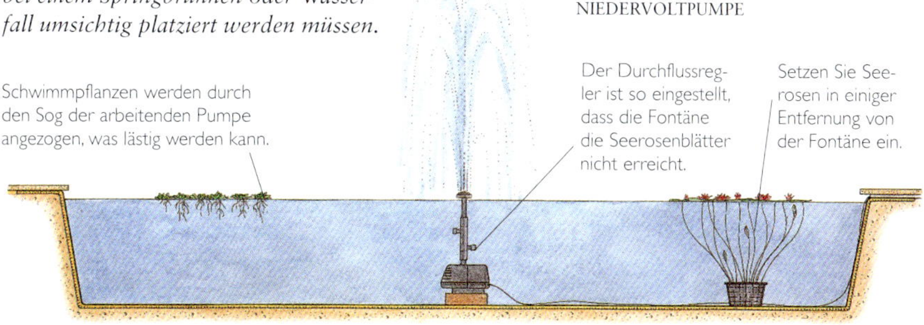

◄ WÄNDE NUTZEN *Ein Wasserspeier (S. 46) bringt Glanz in die dunkle Ecke eines Stadtgartens.*

KIESELSTEINSPRINGBRUNNEN

Fontänen, die aus einem unterirdischen Wasserreservoir mit Pumpe aufsteigen, sind ideal, wenn für einen Teich zu wenig Platz ist. Sie verleihen auch einem Steingarten oder Kiesbepflanzungen orientalisches Flair. Hier wurden Großkiesel als Abdeckung gewählt; auch Mühlsteine sind beliebte Quellsteine (Glasfaserimitate sind leichter zu handhaben und preiswerter). Mit einer etwas längeren Zuleitung kann man das Wasser auch aus einem Bambus-Wasserspender oder einer Amphore *(S. 44)* strömen lassen.

▶ EIGENER REIZ
Rundgewaschene große und kleine Kiesel sehen nass wunderschön aus, was den Reiz dieser kleinen, sicheren Wasseranlagen erhöht.

WERKZEUG
- Bandmaß
- Spaten oder Schaufel
- Wasserwaage
- Rechen
- Drahtschere
- Stampfer

MATERIAL
- Große Kunststoffwanne oder -kübel
- 2×2 m strapazierfähige Polyethylen-Folie
- Niedervoltpumpe mit Durchflussregler
- Kurzes Schlauchstück als Austrittsleitung
- 1 Ziegelstein
- Ein Stück verzinktes Gitternetz, 10 cm breiter als der Kübel
- 1 Zentner Großkiesel

AUSHEBEN DES LOCHS

1 Heben Sie ein Loch aus, das etwas tiefer und breiter ist als der Behälter (inkl. der Griffe). Überprüfen Sie immer wieder mit Hilfe des Behälters, ob das Loch tief genug ist, und stellen Sie mit der Wasserwaage sicher, dass der Behälter eben steht.

2 Behälter einsetzen und den Rand mit Boden auffüllen, feststampfen. Harken Sie um das Reservoir herum vom Behälterrand weg nach außen, um Steine zu entfernen, ziehen Sie dabei die Erde ein wenig hoch, so dass eine Vertiefung entsteht.

Auslegen der Folie und Installation der Pumpe

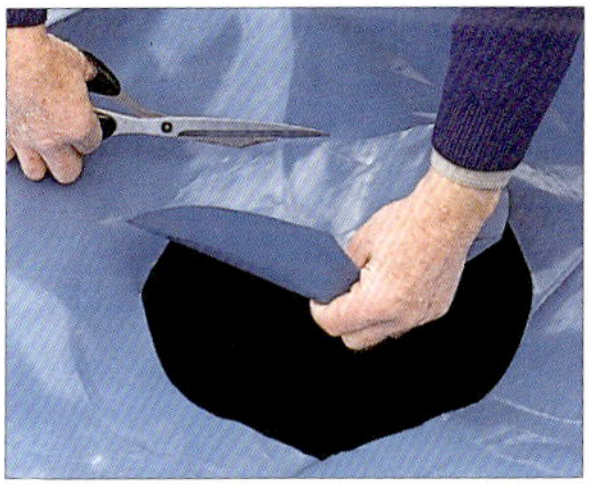

1 Breiten Sie die Folie über das vorbereitete Reservoir und schneiden Sie eine 5 cm kleinere Öffnung heraus. Auf der Folie sammelt sich das hochgepumpte Wasser, das leichte Gefälle lässt es wieder zurückfließen.

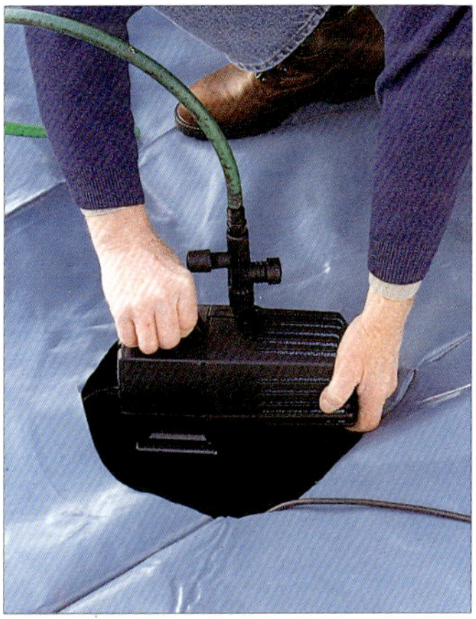

2 Verbinden Sie den Austrittsschlauch mit dem Steigrohr der Pumpe *(S. 54)*. Kürzen Sie das Schlauchstück noch nicht. Legen Sie den Ziegel auf den Behältergrund, platzieren Sie dann die Pumpe auf diesem Sockel.

3 Legen Sie das verzinkte Gitternetz über das Loch in der Folie, und schneiden Sie eine knappe Öffnung ein, durch die Sie den Schlauch fädeln. Das Stromkabel, das unter den Steinen liegen wird, können Sie als zusätzlichen Schutz durch ein starres Stück Schlauch führen. Füllen Sie den Behälter bis ca. 15 cm unter den Rand mit Wasser.

Abdecken mit Grosskieseln

1 Arrangieren Sie zunächst nur wenige Steine um den Schlauch, und kürzen Sie ihn nach Bedarf. Stellen Sie dann probehalber die Pumpe an. Eventuell müssen Sie die Steine umschichten, um den Durchfluss zu regulieren.

2 Sobald der Strahl genau richtig ist, fügen Sie den Rest der Steine bei laufender Pumpe hinzu. Zum Schluss schneiden Sie die Folie, die nicht mit dem Wasser in Berührung kommt, ab und bedecken die Ränder mit Erde.

WASSERFÄLLE UND WASSERLÄUFE

Über ebenes Gelände kann eine Niedervoltpumpe Wasser ca. 2 m weit befördern; ist die Strecke ansteigend, so verringert sich diese Distanz. Sie reicht jedoch für die verschiedensten Wasseranlagen: z. B. eine Felskaskade mit sanftem Gefälle, einen geraden Kanal, der ein kleines, formal gestaltetes Becken füllt, ein Ziergefäß wie eine Amphore am Teichrand, aus der Wasser quillt, einen Wasserspeier *(S. 46)* oder einen Quellsprudel mit Kieselsteinen.

ÜBERQUELLENDE AMPHORE

Das einfache Prinzip des Wasserkreislaufs, das anhand des Quellsprudels vorgestellt wurde *(S. 42–43)*, lässt sich auch auf dekorative Wasserspender übertragen.

Tongefäße eignen sich sowohl für formal gestaltete wie naturnahe Gärten – Sie haben die Wahl. So sind z. B. japanische Bambus-Wasserspender wie das Shishi Odoshi (ursprünglich zum Vertreiben von Wild aus den Reisfeldern) ebenso beliebt wie gusseiserne Handpumpen, Badewannenhähne oder Gießkannen. Im zeitgenössischen Stil ließe sich ein Tongefäß mit Farbglasur installieren, das mit farbigen Glassteinchen ergänzt werden kann, die unter dem Wasserlauf glitzern und funkeln.

▶ ÜBERSTRÖMENDE SCHÖNHEIT
Diese Amphore verströmt Ruhe und Eleganz inmitten üppigen Grüns, das sanft über Kiesel plätschernde Wasser erfreut Auge und Ohr.

SO WIRD'S GEMACHT

Verfahren Sie genau wie bei dem Quellsprudel auf den vorhergehenden Seiten, nehmen Sie jedoch ein längeres Schlauchstück. Das Gefäß muss ein Loch haben, durch das Sie den Schlauch führen. Nun dichten Sie die Durchtrittsstelle mit Mastix o. Ä. ab, und lassen Sie sie völlig trocknen, bevor Sie Wasser einfüllen. Welcher Art Ihr Behälter auch ist, er muss frostfest sein oder im Winter hereingeholt werden. Wenn Sie ihn draußen lassen, müssen Sie ihn leeren, da das Eis ihn sprengen kann. Vergewissern Sie sich im Frühjahr, dass er nicht »bewohnt« ist.

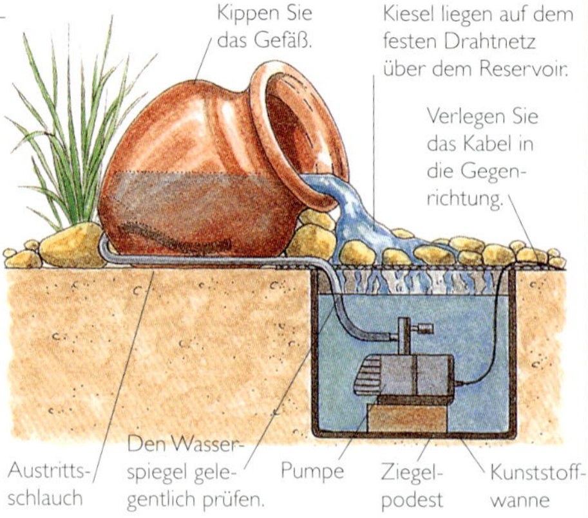

EINFACHER WASSERLAUF

Durch einen kurzen Wasserlauf, dessen »Quelle« verdeckt ist, erhöhen Sie den Reiz Ihres Bassins oder Teichs. Ein formal gestalteter Kanal *(rechts und unten)* passt meist zu einem geometrisch angelegten Becken, besonders wenn seine Umgebung mit harten Materialien gestaltet ist. Das stürzende Wasser eines leicht geschlängelten Wasserfalls *(Abb. S. 14 und 55)* passt gut zu einem naturnahen Teich. Hierfür können Sie einzelne Felsen auf Folie setzen bzw. einbetonieren oder starre, vorgefertigte Wasserfall-Elemente mit Steinimitation aus Kunststoff oder Glasfaser verwenden.

Das Gefälle des Wasserlaufs kann so gering sein, dass es praktisch unsichtbar ist. Ist es aber kürzer und steiler, sollte man den Lauf des Wassers durch einige Felsbrocken unterbrechen. Schnurgerade herabrinnendes Wasser wirkt eher ausgekippt als natürlich fließend. Wasser hingegen, das sich an Felsen bricht, gurgelt und wirbelt wie ein Gebirgsbach.

ABSTIMMUNG DER KOMPONENTEN
Dieser kleine Kanal gibt dem formstrengen Becken zusätzlichen Reiz. Die verwendeten Materialien passen gut zur Gesamtgestaltung.

SO WIRD'S GEMACHT

An einer Seite kann ein Kanal von einem bestehenden Teich aus Fertigelementen oder Folie abgeleitet werden. Die Folie für den Kanalaushub muss so groß sein, dass die Seitenwände und Ränder bedeckt werden und sie vorne großzügig über den Teichrand reicht und angedrückt werden kann. Statt Platten lassen sich ohne Mörtel auch grober Kies oder Kiesel auf dem Boden verlegen, die nicht weggespült werden.

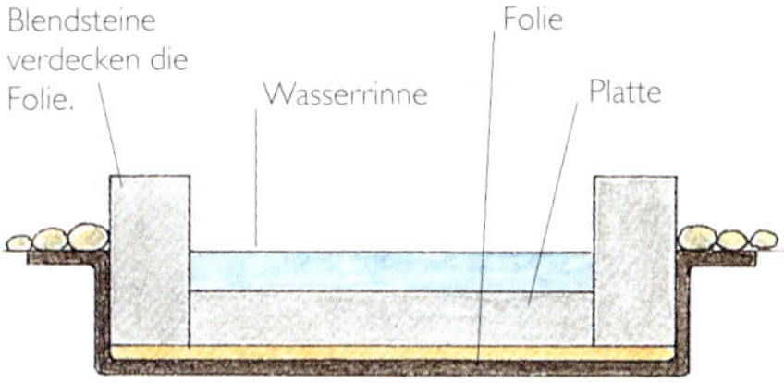

QUERSCHNITT

KANALBAU
Ein flacher Graben mit leichtem Gefälle zum Teich wird mit Butyl-Folie ausgelegt und durch dekorative Platten und Seitenwände kaschiert (oben rechts).

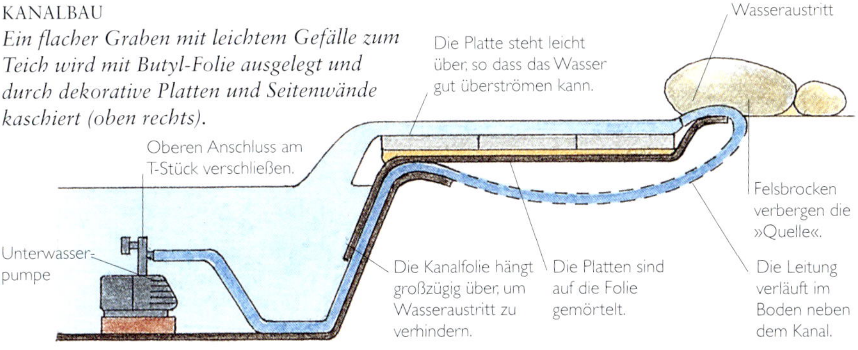

WANDBRUNNEN

Wandbrunnen bringen Wasser auf Terrassen, in Höfe und kleine Gärten. Sie sind ideal, wenn kein Platz für einen richtigen Teich ist. Antike Steinmasken sind teuer, aber Repliken aus Gips oder Glasfaser wirken authentisch, sind leicht und lassen sich einfach an einem Rankgitter befestigen. Das Wasserreservoir kann offen und bepflanzt sein oder überdeckt und verborgen.

MATERIAL
- Rankgitter, 2 m × 60 cm
- 2 Holzlatten, 60 cm
- Schrauben, Spreizdübel
- Leichtgewichtige Maske plus 2 m Schlauchverbindung mit rechtwinkligem Endstück
- Kleine Unterwasserpumpe
- Kübel oder Wanne als Reservoir

WERKZEUG
- Bleistift
- Bohrer
- Schraubendreher

BEFESTIGEN DES GITTERS

1 **Halten Sie das Gitter** parallel zu den Mörtelfugen an die Wand (es sollte nicht auf die Erde aufstoßen); markieren Sie die Position der oberen und unteren Abschlussleiste.

2 **Bohren Sie** in gleichem Abstand drei Löcher in eine Latte; markieren Sie die Löcher auf der Mauer, und bohren Sie sie aus.

3 **Setzen Sie die Dübel ein** *(kleine Abb.)*, und schrauben Sie die Latte auf die Wand. Verfahren Sie mit der unteren Latte genauso.

4 **Schrauben Sie das Rankgitter** mit den Längsstreben zur Wand gerichtet (wichtig!) auf die obere Haltelatte; bohren Sie dazu die Längsstreben durch, setzen Sie die Schrauben ein, und ziehen Sie sie schließlich fest *(kleine Abb.)*. Wiederholen Sie das an der Unterseite.

Befestigen des Wasserspeiers

1 Markieren Sie die Fixierungspunkte für die Maske in gewünschter Höhe (etwas unter Augenhöhe wirkt gut) auf einer Querstrebe.

2 Stehen die Längsstreben zur Wand, kann die Zuleitung hinter den Querstreben des Rankgitters auf die richtige Höhe gebracht werden.

3 Da das Endstück starr und rechtwinklig ist, werden beim Einführen in die Speieröffnung Knicke im Schlauch vermieden.

4 Schrauben Sie die Maske auf die Querstrebe. Falls sie keine Befestigungslöcher hat (die meisten leichten Masken besitzen Löcher), verwenden Sie Spiegelbeschläge.

5 Verbinden Sie den Schlauch mit der Pumpe, setzen Sie die Pumpe auf einen Ziegel, und füllen Sie das Reservoir. Schalten Sie nun die Pumpe ein, und regulieren Sie den Durchfluss.

DER FERTIGE WASSERSPEIER
Pflanzen im und um das Reservoir kaschieren die Pumpe, während Kletterpflanzen am Rankgitter die Zuleitung verbergen.

PLANUNG UND PFLANZENPFLEGE

STANDORTWAHL UND BESTÜCKUNG

BEI GESTALTUNG UND STIL IHRES WASSERGARTENS haben Sie viel Freiheit. Die Standortwahl muss allerdings gründlich überlegt werden, denn hier kommen Faktoren wie Lichtverhältnisse und Lage der unterirdischen Versorgungsleitungen *(S. 50)* ins Spiel. Tiere mögen einen abgeschiedenen Teich lieben, in einem Familiengarten sollte er jedoch von Haus oder Terrasse aus gut zu sehen sein.

EIN TEICH BRAUCHT SONNE UND SCHUTZ

Wasserpflanzen brauchen viel Sonne, doch naturnah gestaltete Teiche können in exponierter Lage fehl am Platz aussehen. Ein geschützter Standort ist ratsam, der Teich darf aber nicht überschattet werden *(unten)*, wenn er nah der Gartengrenze oder in einem dicht bepflanzten Winkel liegt. Ziehen Sie ihn ein wenig vor, besonders wenn sich dann der Himmel im Wasser spiegelt.

STANDORT-TIPPS

- Meiden Sie zugige und kalte Stellen, aber auch die pralle Sonne, da zu viel Wasser verdunstet.
- Unter Bäumen oder hohen Sträuchern verunreinigt das Laub das Wasser.
- Der Teich und die dahinter liegende Bepflanzung sollten gut zugänglich sein.
- Abschüssige Plätze sind arbeitsaufwendiger.

FARBSCHLÜSSEL DER SCHATTENWANDERUNG

FRÜH-MORGENS — MITTAGS — FRÜHER ABEND

◄ SCHATTENVERLAUF *Zeichnen Sie vorher eine Karte, die den Verlauf von Sonne und Schatten festhält.*

▼ SPIEGELBILDER *Ein Spiegel auf dem Boden zeigt Ihnen, was sich später im Wasser spiegeln wird.*

◄ UNGETRÜBTES WASSER *Eine gute Standortwahl ist Voraussetzung für gesunden Pflanzenwuchs.*

Weitere Erwägungen zum Standort

Beginnen Sie nie mit dem Aushub, wenn Sie nicht wissen, wo unterirdische Versorgungsleitungen verlaufen. Wenn das Grundstück Ihnen gehört, ist Ihnen das vermutlich bekannt, wenn nicht, erkundigen Sie sich bei den örtlichen Versorgungswerken. Sie dürfen überdies keine Schachtdeckel oder andere Prüfeinrichtungen wie z. B. eine Wasseruhr blockieren oder Grenzbauten wie Mauern oder Zäune unterminieren oder beschädigen.

Pumpe oder Beleuchtung lassen sich umso leichter an das Stromnetz anschließen, je näher die Wasseranlage beim Haus liegt. Wenn Sie den Garten neu anlegen, sind Kunststoffrohre für die späteren Kabelführungen unter einer Pflasterung von Vorteil.

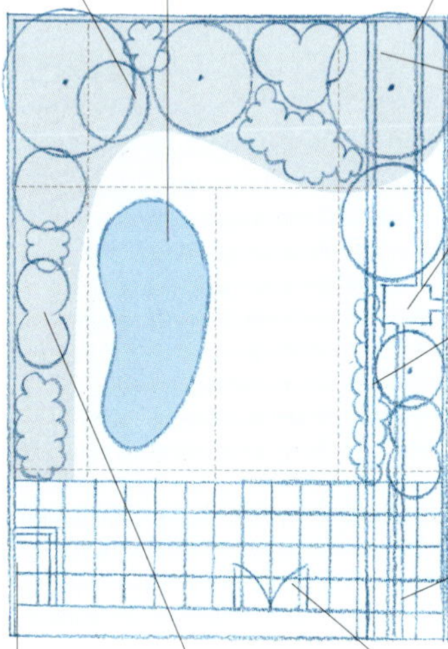

AUSSCHLUSSVERFAHREN
Für einen durchschnittlich großen Garten hinter dem Haus ergibt sich die ideale Lage oft durch eine Kombination praktischer und ästhetischer Gesichtspunkte.

Grössen und Formen

Große Becken und Teiche machen zwar mehr Arbeit, geben aber auch mehr Freiraum für die Bestückung. Ein Teich mit einer Oberfläche von mindestens 4 m² ist viel leichter gesund zu erhalten, da ein ausgewogenes Verhältnis zwischen pflegenden Nutzpflanzen und Wasservolumen erzielt werden kann. Wesentlich ist eine Mindesttiefe von 50 cm (oder eine Tiefwasserzone von 1 m und Randzonen von 15–30 cm), da sonst Verdunstung und Frost zum Problem werden. Einfache Formen erleichtern den Bau.

EINFACHE FORMEN
Man ist versucht, den Randverlauf bei Folienteichen aufwendig zu gestalten. Es ist aber viel unkomplizierter, eine einfache, geschwungene Form anzulegen und auf der Folie mit Steinen Vorsprünge und kleine Buchten herauszuarbeiten. So können Sie die Gestaltung auch wieder variieren.

Funktionale Pflanzen für gesundes Wasser

Teiche ohne Pflanzen, gleich welcher Größe, müssen mit einem Filter gereinigt werden. Diese Arbeit verrichten Pflanzen sehr wirksam, wenn Menge und Auswahl stimmen. Zwei Pflanzengruppen gehören unbedingt dazu: Unterwasserpflanzen, die das Wasser mit Sauerstoff versorgen, und Schwimmblattpflanzen, die Schutz vor der Sonne bieten. Ohne diese Pflanzenarten wird das Wasser faulig. Für die Pflanzenauswahl siehe *Pflanzen für den Wassergarten (S. 63–77).*

Das richtige Gleichgewicht

Unter Wasser

Zu wenige

Wenn nicht genügend Unterwasserpflanzen eine gute Sauerstoffversorgung des Wassers sicherstellen und mit den winzigen Algen konkurrieren, vermehren sich diese rasch, und das Wasser wird grün.

Zu viele

Der Teich wächst völlig zu, und andere pflegende Pflanzen und Zierpflanzen gedeihen nicht mehr gut. Wenn die Schwimmblattpflanzen eingehen *(siehe unten)*, vermehren sich die Algen.

MYRIOPHYLLUM AQUATICUM

Über Wasser

Zu wenige

Das Sonnenlicht fördert das Wachstum von Algen, was zu sauerstoffarmem Wasser führt und den natürlichen Stoffabbau durch Wassertiere verhindert: Der Teich verschmutzt und wird faulig.

Zu viele

Die Unterwasserpflanzen bekommen kein Licht mehr, sterben ab und zerfallen, wobei sie Methangas freisetzen, was den Wasserhaushalt aus dem Gleichgewicht bringt. In schwarzem, fauligem Wasser sterben schließlich auch die anderen Pflanzen ab.

SEEROSE

Die weitere Bestückung des Teichs

Sobald Ihre Unterwasser- und Schwimmblattpflanzen im richtigen Gleichgewicht sind (jeder gute Händler wird Sie bezüglich der Anzahl gerne beraten), können Sie nach Belieben Ufer- und Umgebungspflanzen hinzufügen, denn sie sind reine Zierde und beeinträchtigen den Wasserzustand nicht. Aus ästhetischer Sicht entscheiden Sie sich vielleicht für wenige Pflanzen; aus Gründen des Naturschutzes ziehen Sie eine dichte Randbepflanzung vor, damit Tiere sich sicher fühlen und den Teich nutzen. Fragen der Fischhaltung würden den Rahmen sprengen, daher sei nur betont, dass gesundes Wasser für sie lebenswichtig ist.

◄ BESONDERES AM RAND
Feuchtigkeitsliebende Uferpflanzen wie diese Houttuynia *gibt es in allen Variationen (S. 70–77).*

► FISCHE
Zu den pflegeleichten Fischen gehören die allseits beliebten Goldfische sowie viele Schleierschwanzarten.

Wasser und Sicherheit

Berücksichtigen Sie beim Bau einer Wasseranlage auch Sicherheitsaspekte, besonders wenn sich kleine Kinder, Menschen mit eingeschränkter Bewegungsfähigkeit oder Haustiere im Garten aufhalten. Es gibt zum Beispiel eine Vielzahl von rutschfesten Materialien für Teichränder. Wenn ein Stromanschluss für die Anlage geplant ist, sollten Sie besondere Vorsichtsmaßnahmen treffen.

Sicherheit für Kinder

Viele Eltern kleiner Kinder verzichten völlig auf Wasser im Garten; das Teichgelände für eine gewisse Zeit in einen Sandkasten zu verwandeln, ist daher eine beliebte Idee. Sie können den Teich aber auch mit einem Gitter absichern *(unten)*; Kinder sollten aber in seiner Nähe beaufsichtigt werden. Miniaturteiche im Behälter oder kleine Teiche mit Uferzugang sind für ältere Kinder recht sicher und faszinierend. Geeignet sind auch kleine Anlagen ohne offene Wasserfläche, wie der Quellsprudel *(unten und S. 42)*.

▶ DRAHTSCHUTZ
Setzen Sie ein starkes, starres Drahtgitter auf Ziegelsteine, so dass es knapp unter dem Wasserspiegel liegt. Das Gitter muss genau in den Teich passen, um stabil zu sein.

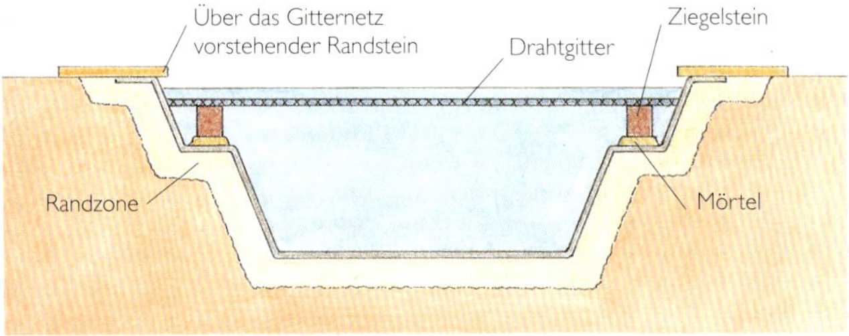

◀ TERRASSENSCHMUCK
Bewegung, Geräusch und entsprechende Höhe einer überströmenden Amphore sind für ein kleines Kind unwiderstehlich. Setzen Sie die Amphore sicherheitshalber auf ein abgedecktes Reservoir, und füllen Sie sie mit Kieseln. Allerdings kann es Spaß machen, die Steine herauszufischen; eine Beaufsichtigung ist ratsam.

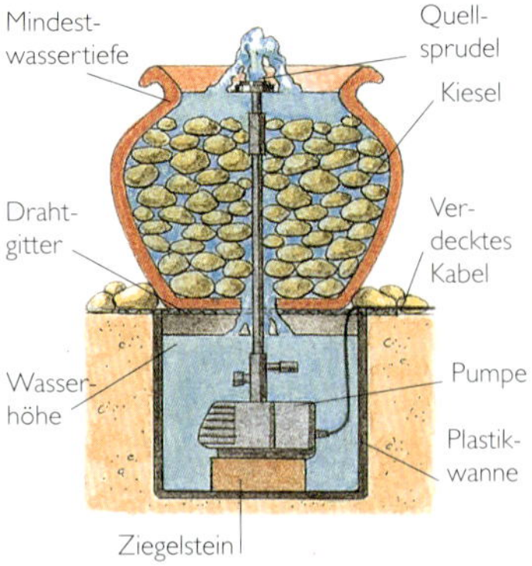

Elektrizität im Garten

Elektrizität im Freien birgt Gefahren: Kabelmaterial und Verbindungen müssen daher wasserfest und speziell für die Verwendung im Freien entwickelt worden sein. Niedervoltgeräte, die für die meisten kleineren Anlagen geeignet sind, sind unkompliziert und sicher. Dazu gehört ein Transformator im Haus, der die Netzspannung vermindert. Größere Wasserfälle und Springbrunnen brauchen Normalstrom, daher ist ein Fachmann für die Installation unerlässlich.

NIEDERVOLTSYSTEM

Niedervoltgeräte laufen mit einem Trafo; eine Gefährdung durch Stromschlag besteht daher nicht. Der Trafo sollte im Haus so nahe wie möglich bei der Netzsteckdose angebracht werden.

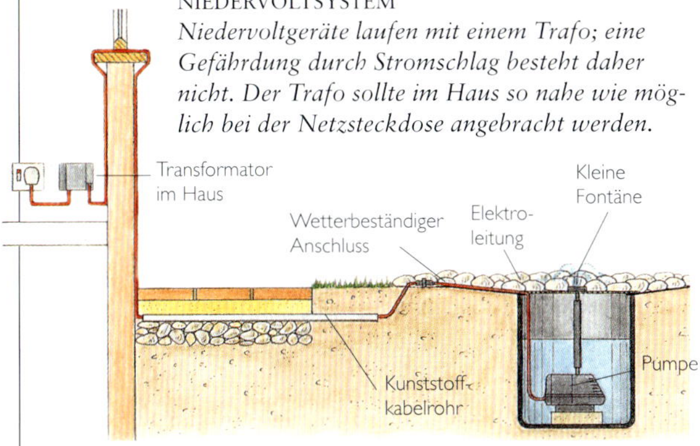

ELEKTRO-TIPPS

- Beachten Sie immer die Herstelleranleitungen.
- Im Zweifel sollten Sie einen Elektriker mit der Installation des Niedervoltsystems beauftragen: Sicherheit geht vor.
- Verwenden Sie ausschließlich Material, das für den Außenbereich zugelassen ist.
- Geräte vor Wartung ausschalten, vom Netz trennen.
- Steckverbindungen dürfen nicht unter Wasser verlegt werden.
- Zeituhr einschalten, die die Anlage abends abstellt.
- Steckverbindungen sollten Sie in Plastikfolie wickeln und verkleben, wenn die Pumpe über Winter oder zur Wartung herausgeholt wird.

Beleuchtung für Wasseranlagen

Mit Bedacht platzierte Leuchten heben die Schönheit von Wasser und Pflanzen besonders hervor. Ein sicheres Niedervoltsystem *(wie oben)* reicht, um eine Gruppe von Pflanzen oder einen kleinen Teich mit kleinem Springbrunnen zu beleuchten (Pumpen und Leuchten sind kombiniert im Set erhältlich). Befragen Sie Ihren Händler oder einen Elektriker, wenn Sie eine Teichbeleuchtung an die Stromversorgung für eine bestehende Pumpe oder für eine Außenbeleuchtung anschließen möchten.

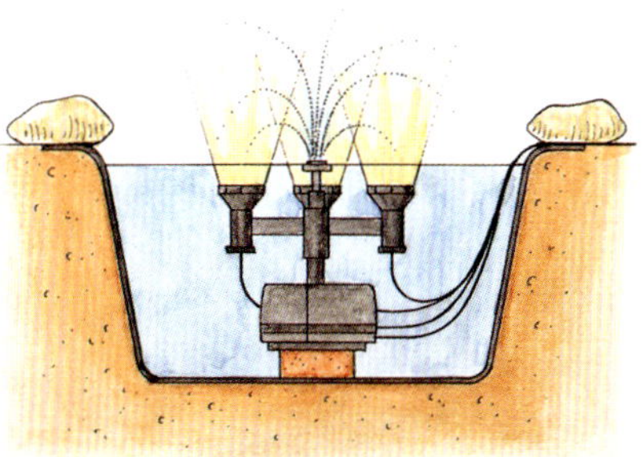

SPRINGBRUNNEN- UND BELEUCHTUNGSSET

Durch drei um die Spritzdüse verteilte Leuchten wird die Fontäne von unten so angestrahlt, wie es mit einem Spot nicht möglich wäre.

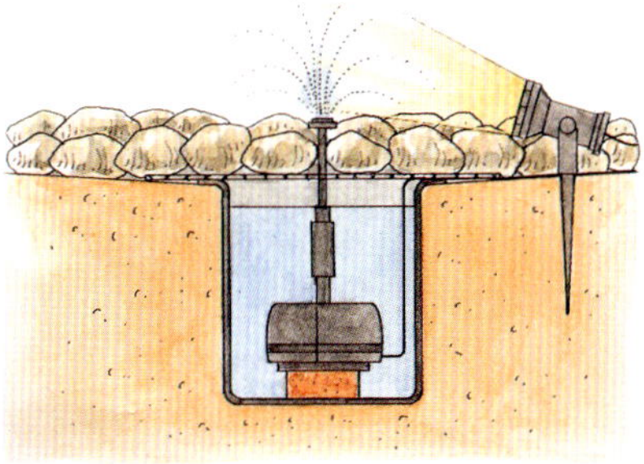

BODENBELEUCHTUNG

Ein Schwenkspot lässt kleine Sprudelfontänen erstrahlen. Verbergen Sie die Fassung unter Pflanzen oder Steinen.

PUMPEN FÜR WASSERANLAGEN

SOLARBETRIEBENE PUMPEN sind zwar immer häufiger erhältlich, die beliebtesten Pumpen für den Hausgarten sind jedoch immer noch die kleinen Elektro-Unterwasserpumpen. Sauber, ruhig, leicht zu installieren und mit eigenem Filter ausgestattet, erinnern sie nicht mehr an die Höllenmaschinen der Vergangenheit; darüber hinaus sind Niedervoltsysteme sehr sicher *(S. 53)*.

WAHL DER PASSENDEN PUMPE

Pumpen gibt es in jeder Größe, für jedes Wasserspiel. Eine Niedervoltpumpe befördert das Wasser aufwärts oder seitwärts über eine Strecke von ca. 1,2 m, was für die meisten kleineren Anlagen ausreicht. In Gartenzentren mit einer guten Abteilung für Wassertechnik können Sie sich informieren, welche Pumpleistung für Ihre geplante Wasseranlage nötig ist, und viele Hersteller haben Hotlines eingerichtet. Es ist von Vorteil, wenn Sie die Größe Ihrer Anlage (Oberfläche x durchschnittliche Tiefe = ungefähres Wasservolumen) und die Strecke angeben können, die das Wasser zurücklegen soll, und welchen Effekt Sie sich vorstellen.

UNTERWASSERPUMPEN *Diese kompakten Unterwasserpumpen sind für kleine Springbrunnen und Wasserläufe geeignet.*

SO WIRD'S GEMACHT

Kleine Unterwasserpumpen saugen Wasser durch einen Filter an, der verrottetes Material fern hält, und fördern es dann hoch oder über ein T-Stück seitwärts durch einen Schlauch. Schlauchleitungen aus Kunststoff in verschiedenen Weiten kauft man meist separat als Meterware. Es gibt auch unterschiedliche Fontänenaufsätze mit verschiedenen Sprüh-, Strahl- oder Sprudeleffekten; die Verdunstung ist bei Sprudlern am geringsten. Den Durchfluss regulieren Sie bei laufender Pumpe.

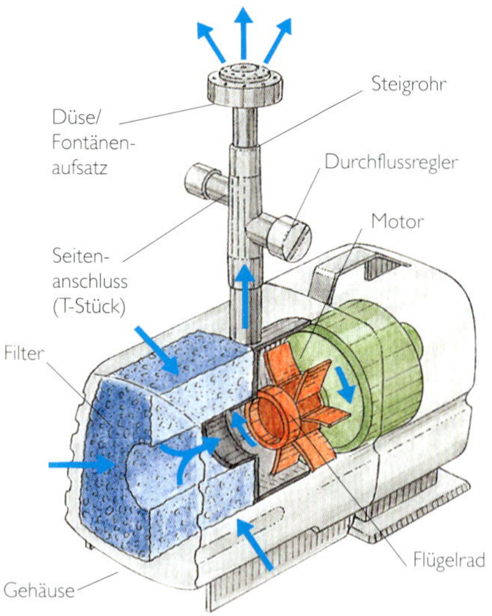

PRAKTISCHE TIPPS

- Wählen Sie eine bekannte Marke und prüfen Sie, ob alle Zubehörteile mitgeliefert wurden.
- Bemessen Sie die Schlauchlänge großzügig.
- Lassen Sie die Pumpe niemals trocken laufen, da dies den Motor beschädigt.

Natürlich fliessendes Wasser

Wasser, das den kürzesten Weg zwischen Pumpe und Austrittstelle zurücklegen muss, fließt am schnellsten. Beim Durchlauf durch eine lange Leitung entsteht Reibungsverlust. Wenn es aus einem Teich zur »Quelle« eines Kanals oder Bachlaufs gepumpt werden soll, können Sie die Pumpe unter einem Steinvorsprung oder hinter einem Felsen am Rand verbergen (beachten Sie, dass das Kabel bis aufs Trockene reicht, damit kein Verlängerungsanschluss unter Wasser liegt). Die Pumpe für eine Fontäne mitten im Teich zu verstecken ist schwierig, entweder kann man sie am Teichrand platzieren und das Wasser durch ein Schlauchstück zu einer Düse auf einem Stativ in der Teichmitte befördern oder sich für eine Brunnenfigur entscheiden *(unten)*. Leitungen und Kabel auf dem Teichgrund können mit Kieseln kaschiert werden. Setzen Sie eine Pumpe aber nie in den Teichschlamm, um sie zu verbergen: Pumpen sollten immer auf einem Sockel stehen, damit nicht mehr Bodensatz als nötig in den Filter gesaugt wird.

WASSERLAUF MIT STUFE
Durch wie zufällig verteilte Steine und lockere Bepflanzung entsteht ein natürlicher Eindruck. Entscheidend ist, wie das Wasser über den Überlaufstein strömt. Probieren Sie es beim Einsetzen des Steins aus (kleine Abb.).

Brunnenfiguren

Teichschmuck für Fontänen oder Kaskaden gibt es in riesiger Auswahl, wobei die »klassischen« Figuren immer noch die Beliebtheitsskala anführen. Bedenken Sie, dass viele Schmuckobjekte, die auf Ausstellungen zu finden sind, sich nur für Innendekorationen oder Wintergärten eignen. Die meisten Figuren besitzen eine Schlauchzuführung von einer Pumpe am Teichrand, oder sie stehen auf einem Sockel, in dem Pumpe und Austrittsschlauch untergebracht sind.

▲ SOCKEL FÜR DIE PUMPE
Diese Puttenplastik (rechts) ist mit dem typischen Hohlsockel ausgerüstet, der über eine kleine Unterwasserpumpe gestülpt wird.

▶ ABSCHLUSS DER INSTALLATION
Der Schlauch wird in der Figur bis zur Austrittsdüse hochgeführt, wo er eingeklemmt oder gelegentlich auch mit einem Schraubmechanismus fixiert wird. Im letzteren Fall wird eine simple Schlauchschelle für das Endstück gebraucht.

Teichbepflanzung

Wenn man einen Teich anlegt, gehört das Aussuchen und Einsetzen ganz neuer Pflanzen zu den größten Freuden. Wasserpflanzen brauchen nicht viel, um prächtig zu gedeihen. Wenn sie ein sonniges Plätzchen haben *(S. 49)*, ausgewogen vertreten sind *(S. 51)* und das Teichwasser gesund erhalten wird, haben sie sich am Ende der ersten Saison schon kräftig entwickelt.

Auswahl von Pflanzen, Behältern und Kompost

Der Frühling ist die beste Jahreszeit zum Wassergärtnern; das milde Wetter erleichtert das Angehen der Pflanzen, und sie haben noch genügend Zeit zum Wachsen. Besorgen Sie funktionale Pflanzen *(S. 51)* in ausreichender Menge. Seerosen sind sicherlich schöne Schwimmblattpflanzen; sie brauchen aber Zeit, um die Wasseroberfläche genügend zu bedecken. Daher sollte man, wenn auch nur vorübergehend, schnell wachsende Schwimmpflanzen wie *Azolla filiculoides* einsetzen *(S. 63–65)*. Verwenden Sie keines der üblichen Pflanzsubstrate; sie sind zu reich an Nährstoffen, die im Wasser nur die Algen düngen. Ideal ist spezieller Wasserpflanzenkompost; notfalls auch normale, ungedüngte Gartenerde verwenden.

WASSERPFLANZEN-ANGEBOT
Von Frühjahr bis Hochsommer wird eine Fülle von Pflanzen angeboten. Wählen Sie kräftige Jungpflanzen mit frischen Trieben.

PFLANZKÖRBE
Offene Wasserpflanzenbehälter sind für kleine Teiche günstig: Sie begrenzen die Ausbreitung der Pflanzen und erleichtern das Herausheben und Teilen.

AUSKLEIDUNG
Weitmaschige Behälter müssen ausgekleidet werden, damit die Erde nicht verloren geht; Sackleinen ist dafür ideal, weil Gase und Wasser frei durchströmen können.

Unterwasser- und Schwimmpflanzen

Bündel von Sauerstoff bildenden Unterwasserpflanzen *(rechts)* lässt man bei großen, naturnah gestalteten Teichen meist einfach ins Wasser fallen; sie wurzeln dann im Bodenschlamm und verbreiten sich ungehindert. Bei kleinen Teichen setzt man sie besser in Behälter *(unten)*, um das Wachstum kontrollieren zu können.

In 20 cm große Körbe passen mehrere Pflanzen. Pflanzen Sie pro Korb nur eine Art.

Legen Sie Schwimmpflanzen wie *Azolla filiculoides* und *Stratiotes aloides* einfach auf die Wasseroberfläche.

1 Füllen Sie einen mit Sackleinen ausgekleideten Korb mit feuchtem Wasserpflanzenkompost. Setzen Sie die Pflanzenbündel in ungefähr 5 cm tiefe Pflanzlöcher.

2 Drücken Sie die Pflanzen an, schneiden Sie überstehendes Leinen ab, bedecken Sie die Erde mit Kieseln, damit der Kompost nicht hochtreibt, und versenken Sie den Korb im Teich.

Tiefwasserpflanzen mit nackten Wurzeln

Die meisten Wasserpflanzen, die ohne Erde verkauft werden, wie z. B. Seerosen, haben knollige Wurzelverdickungen (Rhizome), die nicht austrocknen dürfen. Es ist meist offensichtlich, welche Wurzeln waagerecht und welche senkrecht einzusetzen sind; wenn nicht, erkundigen Sie sich. Sie sollten nicht tief eingepflanzt werden. Um die Oberfläche zu erreichen, muss die Pflanze im Korb je nach Tiefe des Teichs zunächst auf einen Stapel Ziegel gesetzt werden, der dann nach und nach abgebaut werden kann.

1 Entfernen Sie beschädigte oder überlange Wurzeln und große, alte oder völlig aufgerollte Blätter mit der Gartenschere.

2 Füllen Sie einen ausgekleideten Korb mit feuchtem Wasserpflanzenkompost; setzen Sie das Rhizom etwa 4 cm vom Rand ein.

3 Fügen Sie weitere Erde zu, ohne die neuen Triebe zu beschädigen, und decken Sie die Erde mit Kies ab, damit sie nicht ausgeschwemmt wird.

STABILER STAND FÜR UFERPFLANZEN

Uferpflanzen gedeihen gut in Pflanzkörben *(S. 57)*, die natürlich aussehende Gruppierungen ermöglichen. Überdies können Sie den Standort immer wieder ändern, bis Sie mit dem Bild zufrieden sind, und sie leicht zum Teilen und Ausdünnen herausheben. Da sich der überwiegende Teil großer Uferpflanzen, wie z. B. der Iris, über dem Wasser befindet, können sie kopflastig werden, so dass man sie stabilisieren sollte *(unten)*.

BESCHWEREN MIT ZIEGELN
Wenn Sie Pflanzkörbe verwenden, können Sie sie mit einem Ziegel oder großen Stein beschweren, bevor Sie sie füllen, und so für festen Stand sorgen.

BESCHWEREN MIT DICKER DECKSCHICHT
Mehr Platz haben die Wurzeln, wenn Sie stattdessen den Kompost mit einer dicken Schicht Kies oder Kieseln bedecken, was zudem dekorativ aussieht.

EINPFLANZEN FEUCHTIGKEITSLIEBENDER PFLANZEN

Das Bepflanzen dauerfeuchter Erde am Teichrand oder in einem Sumpfgarten unterscheidet sich nicht vom Bepflanzen eines Beetes; Sie dürfen nur die Erde nicht zu fest andrücken. Düngen Sie jedoch keinesfalls Bezirke, aus denen der Dünger ins Wasser gelangen könnte: Das fördert den Algenwuchs und bringt die Teichökologie aus dem Gleichgewicht. Feuchtigkeitsliebende Pflanzen gedeihen prächtig in dauerfeuchter Umgebung; lassen Sie ihnen also viel Raum.

1 **Höhlen Sie ein Loch aus,** das groß genug ist für den Wurzelballen. Stützen Sie die Pflanze (hier Sumpfdotterblume), und ziehen Sie vorsichtig den Behälter ab.

2 **Setzen Sie die Pflanze** in derselben Tiefe ein, die sie im Behälter hatte. Drücken Sie die Erde um die Krone (Übergang von Wurzel zu Stiel) an, und wässern Sie gründlich.

TEICH- UND PFLANZENPFLEGE

WENN SIE GUTE VORARBEIT GELEISTET HABEN – gute Planung, Ausführung und Bepflanzung – ist die Teichpflege nicht schwierig. Das Ausdünnen und Teilen der Pflanzen wird ab dem dritten Jahr nötig, und leeren und säubern muss man einen Teich nur selten.

AUSDÜNNEN DER UNTERWASSERPFLANZEN

Unterwasserpflanzen vermehren sich rasch und müssen eventuell ein bis zwei Mal pro Saison ausgedünnt werden. Möglicherweise müssen Sie auch Schwimmpflanzen abschöpfen, besonders wenn die reizvolleren Arten heranwachsen und den nötigen Lichtschutz bieten. Unterwasserpflanzen sind hart im Nehmen, reißen Sie sie unbesorgt mit dem Stiel aus. Wenn Sie eine fadenförmige Unterwasservegetation bemerken, die wie nasse, grüne Baumwolle aussieht, handelt es sich um Schraubenalgen, die entfernt werden sollten: Drehen Sie sie wie Spaghetti um einen Stock und heben Sie sie heraus.

AUSUFERNDES WACHSTUM EINDÄMMEN
Dünnen Sie wuchernde Unterwasserpflanzen und kleine Schwimmpflanzen mit einem Kescher aus oder »kämmen« Sie das Wasser mit einem Rechen.

TEILEN VON PFLANZEN

Pflanzen, die andere überwuchern oder durcheinander wachsen und eventuell nicht mehr blühfreudig sind, müssen geteilt werden. Viele feuchtigkeitsliebende Pflanzen und Uferpflanzen (zu Details siehe »Pflanzen für den Wassergarten«, S. 63–77) bilden den Ballen faseriger Wurzeln aus, die sich leicht mit der Hand auseinander ziehen lassen. Iris sind eventuell etwas kniffliger: Ihr Knotengewirr knolliger Rhizome muss in Teile zerschnitten werden, die jeweils eigene Schösslinge besitzen *(unten)*.

1 Nehmen Sie die Pflanze auf (hier *Iris pseudacorus*), und waschen Sie die Erde von den Wurzeln. Teilen Sie die Wurzelmasse mit den Händen, wenn nötig mit einem Messer.

2 Schneiden Sie Rhizome sauber mit einem Gartenmesser zurück, und entfernen Sie Teile ohne neue Schösslinge. Stutzen Sie Wurzeln und Blattgrün auf ca. 6–9 cm.

3 Setzen Sie das Teilstück wieder ein, füllen Sie vorsichtig frischen Wasserpflanzenkompost auf, legen Sie Kies auf und senken Sie den Korb zurück in den Teich.

Seerosen teilen

Seerosen müssen geteilt werden, wenn ein Blattgewirr entsteht, das aus dem Teich wächst, anstatt aufzuliegen. Dann kann auch die Blüte nachlassen. Heben Sie die Pflanze heraus und teilen Sie sie *(unten)*. Bei einem großen Teich können Sie die Teilpflanzen in Körbe setzen und verteilen. Seerosen schätzen eine jährliche Düngung, besonders nach dem Teilen. Verwenden Sie aber keinen Gartendünger; er würde ins Wasser gespült. In Gartenzentren erhalten Sie Spezialdünger mit Überzug zur verzögerten Freisetzung, den Sie ins Substrat stecken können.

▶ ÜBERMÄSSIGES WACHSTUM
Sind die Nährstoffe erschöpft, reagiert die Seerose mit überschießendem Stiel- und Blattwuchs. Nehmen Sie sie zur Wurzelteilung vorsichtig aus dem Pflanzkorb.

1 Heben Sie die Pflanze heraus, spülen Sie die Erde ab, entfernen Sie alle entrollten Blätter, teilen Sie das Rhizom, und behalten Sie nur den Teil mit den kräftigsten neuen Wurzeln.

Kräftige neue Schösslinge

2 Schneiden Sie lange, harte Wurzeln zurück, setzen Sie die Pflanze wieder bis über die Krone ein, und senken Sie die Seerose auf ein Ziegelpodest *(S. 33)* im Teich.

Laub entfernen

Durch verrottende Blätter wird Teichwasser zur Nährlösung für Algen; entfernen Sie daher so viel Laub wie möglich. Schneiden Sie auch absterbende Blätter von Wasserpflanzen ab. Im Herbst verhindert ein Netz über dem Teich, dass Blätter aufs Wasser wehen. Schneiden Sie krautige Randpflanzen im Herbst zurück, damit verrottende Teile nicht in den Teich gelangen.

ABGESTORBENE BLÄTTER
Schneiden Sie abgestorbene oder beschädigte Blätter mit einem scharfen Messer zurück.

LAUBNETZ FÜR DEN HERBST
Im Herbst spannen Sie ein Netz über den Teich und befestigen es mit Ziegeln.

Vorbereitungen für den Winter

Für kalte Winter muss ein Teich so tief sein *(S. 32)*, dass er nicht gefriert. Miniaturteiche in frei stehenden Gefäßen brauchen ein Winterquartier. Die meisten Wasserpflanzen ziehen sich für die Winterruhe ein. Dennoch braucht der zugefrorene Teich Luft. Schütten Sie heißes Wasser aufs Eis oder legen Sie einen Schwimmkörper auf den Teich: Hebt man ihn heraus, bleibt ein Luftloch; bei starren Teichbecken muss er druckelastisch sein. Die Stromzufuhr für die Pumpe können Sie auch für eine Teichbeheizung nutzen.

DEN DRUCK MINDERN
Elastische Schwimmkörper fangen den Druck des sich ausdehnenden Wassers bei Frost ab. Sie können etwas Wasser abpumpen, damit sich unter dem Eis eine warme Luftschicht bildet.

Den Teich leeren

Es dauert Jahre, bis sich das ökologische Gleichgewicht des Teichs eingestellt hat, und zu eifriges Leeren und Wiederauffüllen beeinträchtigt es nur. Alle vier bis fünf Jahre kann der Teich allerdings so verschlammt sein, dass er überholt werden muss; oder der sinkende Wasserspiegel eines Folienteiches lässt ein Loch vermuten, das geflickt werden muss. Wickeln Sie Pflanzen in Körben in nasses Zeitungspapier und bewahren Sie schwimmende und Sauerstoff bildende Pflanzen in einem Eimer mit Wasser auf. Leeren und füllen Sie den Teich an einem Tag. Hat der Teich eine Pumpe, können Sie ihn damit entleeren, sonst muss er abgesaugt werden, um den Schlamm freizulegen.

1 **Wenn der Teich geleert ist,** kann der Schlamm vorsichtig mit einer Plastikschaufel (nie mit scharfem Metallwerkzeug) abgetragen werden. Ein Loch lässt sich oft nur finden, wenn die gesamte Folie gesäubert wird.

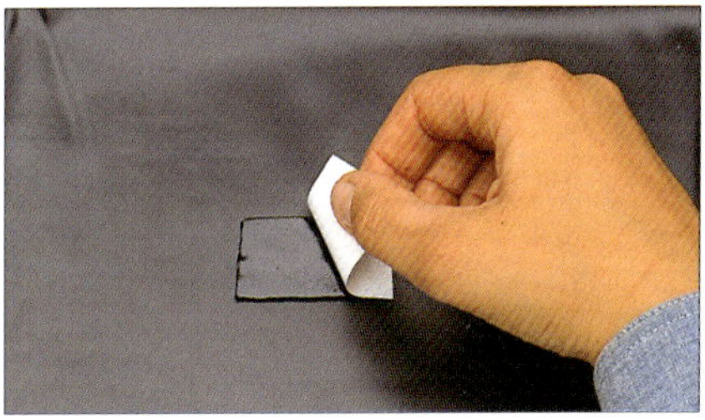

2 **Lassen Sie die beschädigte Stelle** trocknen, säubern Sie sie mit Alkohol, und dichten Sie sie mit doppelseitigem Klebeband ab.

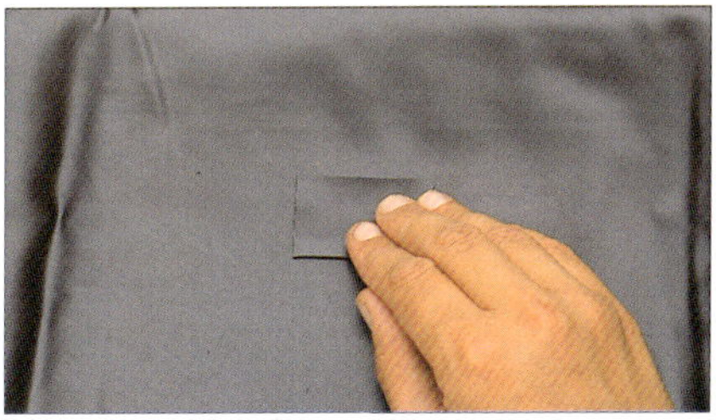

3 **Schneiden Sie ein Stück** aus einem Folienrest, und drücken Sie es fest auf das Klebeband; die Kanten müssen flach verklebt sein.

PFLANZEN FÜR DEN WASSERGARTEN

In diesem Verzeichnis finden Sie eine Fülle beliebter Wasserpflanzen vor allem für kleine Teiche. Die Pflanzen sind nach ihren Standorten sortiert. In jedem Fall werden maximale Pflanztiefe und Ausdehnung der Pflanze angegeben; Symbole geben schnelle Auskunft über die Wachstumsbedingungen.

Unterwasserpflanze · *Schwimmblattpflanze* · *Schwimmpflanze* · *Seerose* · *Lotos* · *Uferpflanze* · *Sonne* · *Halbschatten* · *verträgt Schatten* · *gut drainierter, Wasser speichernder Boden* · *feuchter Boden* · *nasser Boden* · *frostempfindlich* · ✻ *bedingt frosthart bis 0° C* · ✻✻ *frosthart, min. –5° C* · ✻✻✻ *winterhart, min. –15° C* · *Auszeichnung der RHS*

TIEFWASSER- UND SCHWIMMPFLANZEN

DIESE PFLANZEN SIND für eine gute Wasserqualität unerlässlich. Unterwasserpflanzen, die vollkommen oder teilweise unter dem Wasserspiegel wachsen, erhöhen den Sauerstoffgehalt, während Schwimmblätter Schatten spenden. Einige Pflanzen dieser Gruppe sind freischwimmend, andere wurzeln im tiefen Wasser, breiten ihre Blätter jedoch auf der Oberfläche aus.

Aponogeton distachyos (Wasserähre)
Diese Alternative zur Seerose für den naturnah gestalteten Teich übersteht milde Winter nahezu immergrün. Sie blüht zwei Mal im Jahr oder den ganzen Sommer über mit weißen, stark duftenden Blüten, die in gegabelten Blütentrauben stehen. Teilen Sie die fleischigen Wurzeln im Frühjahr. T (Tiefe) bis 60 cm, A (Ausdehnung) 1,2 m. ✻✻

Azolla filiculoides (syn. *A. caroliniana*) (Algenfarn)
Winziger, mehrjähriger Schwimmfarn, der sich zu Büscheln weicher, blassgrüner

CERATOPHYLLUM DEMERSUM

Blätter vermehrt, die einzeln bewurzelt sind und sich im Herbst purpurrot färben. Nützlich als erster Schattenspender für einen neuen Teich. Im Sommer regelmäßig ausdünnen. Überlebt kalte Winter nicht immer. Für jede Tiefe, A unbegrenzt.
✻✻

Ceratophyllum demersum (Hornblatt)
Sommergrüne, mehrjährige Unterwasserpflanze mit schlanken Stängeln und fedrigen Blättern. Da sie Schatten verträgt, wächst sie in tieferen Zonen als viele andere Sauerstoffbildner. Neue Pflänzchen bilden sich an der Mutterpflanze und brechen ab oder können abgelöst werden. In einem kleinen Teich eventuell

◄ *TRAPA NATANS Diese Pflanze (S. 65) trägt nach heißen Sommern glänzende schwarze Früchte.*

HOTTONIA PALUSTRIS

HYDROCHARIS MORSUS-RANAE

ausdünnen. T bis 60 cm, A unbegrenzt. ☼ ◪ ❄❄❄

Hottonia palustris (Sumpf-Wasserfeder) Sommergrüner, mehrjähriger Sauerstoffbildner, wird auch als Uferpflanze eingesetzt und breitet sich mit einer Vielzahl hellgrüner, stark geteilter Blätter aus. Wächst unter und über dem Wasserspiegel. Im Frühjahr tauchen über dem Wasser weiße, malven- oder fliederfarbene Blütenähren auf. Wird am besten in einen gut entwickelten Teich mit ausgewogener Wasserchemie eingesetzt. Regelmäßig ausdünnen. T bis 45 cm, A unbegrenzt. ☼ ◪ ❄❄❄

Hydrocharis morsus-ranae (Froschbiss) Mehrjährige Schwimmpflanze mit Rosetten nierenförmiger, glänzender Blätter und papierartigen weißen Blüten mit gelbem Grund. Die weiblichen Blüten stehen einzeln, die männlichen stehen zu dritt bis zu viert zusammen. Ausgezeichneter Oberflächendecker für Biotop-Teiche, bevorzugt stille, flache Gewässer, wurzelt auch in morastigen Randzonen. Bietet Wassertieren Schutz, ist jedoch durch Schnecken gefährdet. Wurzelt bis 30 cm tief, A unbegrenzt. ☼ ▼ ❄❄❄

Lagarosiphon major (syn. ***Elodea crispa***) (Wasserpest) Sauerstoffbildner, der dichte Unterwasserschwaden zierlicher Stiele mit gekrümmten Blättchen bildet. Im Sommer winzige, durchsichtige Blüten; dann ausdünnen und absterbende Pflanzenteile im Herbst zurückschneiden. T bis 1 m, A unbegrenzt. ☼ ◪ ❄❄❄

Marsilea quadrifolia (Kleefarn) Mehrjähriger, wirr wachsender Farn mit langen Kriechwurzeln, dessen Blätter vierblättrigem Klee ähneln; junge Blätter sind flaumig behaart. Sie liegen glatt auf der Oberfläche, wachsen aber im Flachwasser heraus. Im Frühjahr teilen. T bis 60 cm, A unbegrenzt. ☼ ▼ ❄❄❄

Myriophyllum (Tausendblattgewächs) Mehrjähriger Sauerstoffbildner mit weit verzweigten Stielen und dichten, zarten, leuchtend grünen Blättern. Ideal für Flachwasser, wo die fedrigen Stiele aus dem Wasser wachsen und Ähren unauffälliger, gelblicher Blüten tragen. *M. verticillatum* ist winterhart, aber *M. aquaticum* übersteht kalte Winter selten. Ausdünnen, wenn nötig. T bis 45 cm, A unbegrenzt. ☼ ◪ ❄❄/❄❄❄

Nuphar (Teichrose) Mehrjährige, sommergrüne Tiefwasserpflanze mit großen Schwimmblättern und gelben Blüten mit dicken, rötlichen Staubgefäßbüscheln, die im

NYMPHOIDES PELTATA

NUPHAR JAPONICA

Sommer knapp aus dem Wasser ragen. Verträgt im Gegensatz zur Seerose fließendes Wasser. *Nuphar lutea* trägt die größten Blüten, deren Geruch nicht von jedem geschätzt wird. Die japanische Variante ist ähnlich, braucht jedoch für eine üppige Blüte heiße Sommer; *N. advena* oder *N. pumila* sind für kältere Zonen besser geeignet. Im Frühjahr teilen. T bis 30 cm, A 1 m.
✻✻/✻✻✻

Nymphoides peltata
(Seekanne)
Sommergrüne, mehrjährige Pflanze mit mittelgrünen, manchmal braun gesprenkelten Schwimmblättern. Während des ganzen Sommers goldgelbe, kleine Blüten mit fransigen Blütenblättern, die auf kräftigen Stielen aus dem Wasser ragen. Rhizome im Frühjahr teilen. T 15–45 cm, A 60 cm. ✻✻✻

Pistia stratiotes (Wassersalat)
Sommergrüne, frostempfindliche Schwimmpflanze, immergrün in tropischen Gewässern oder beheiztem Gewächshaus. Überlappende, blassgrüne, samtige Blätter, auf der Unterseite weißlich grün, sind wie bei einem Salat angeordnet. Winzige, grünliche Blüten. Ausdünnen oder Tochterpflänzchen im Sommer ablösen. A unbegrenzt.

Potamogeton crispus
(Krauses Laichkraut)
Sauerstoffbildner mit seegrasähnlichen untergetauchten Blättern; im Sommer ragen Blüten in Scharlachrot und Cremeweiß aus dem Wasser. Breitet sich schnell im Grundmorast aus; verträgt getrübte und schattige Gewässer gut. T bis 1 m, A unbegrenzt.
✻✻✻

Salvinia auriculata
(Schwimmfarn)
Freischwimmender, frostempfindlicher Farn, der lange Ausläufer bildet. Die blassgrünen oder rotbraunen, seidig behaarten Blätter stehen dicht an dicht an den verzweigten Stielen. Totes Blattwerk regelmäßig entfernen; im Sommer ausdünnen oder Ausläufer abbrechen. A unbegrenzt.

PISTIA STRATIOTES

SALVINIA AURICULATA

Stratiotes aloides
(Krebsschere)
Halbimmergrüne, mehrjährige Schwimmpflanze, die Rosetten stachelrandiger Blätter über und unter Wasser bildet. Im Sommer Ausläufer als neue Pflanzen ablösen oder nach Bedarf ausdünnen.
A unbegrenzt.
✻✻✻

Trapa natans (Wassernuss)
Einjährige Schwimmpflanze mit rhombenförmigen, braun gemusterten Blättern *(S. 62)*. Den weißen Blüten folgen glänzende, eckige, schwarze Früchte. A unbegrenzt.
✻✻

Utricularia vulgaris
(Gewöhnl. Wasserschlauch)
Sommergrüne, frostharte, mehrjährige Schwimmpflanze mit fedrigen, bronzegrüne Blasen tragenden Blättern, mit denen sie Insekten fängt. Ausgesackte gelbe Blüten mit rotbraunen Streifen ragen im Sommer aus dem Wasser. Im Frühjahr oder Sommer Jungpflänzchen ablösen.
T bis 1 m, A 60–90 cm.
✻✻

SEEROSEN

DIE AUSWAHL AN SEEROSEN (*Nymphaea*) nimmt stetig zu. Ihre exquisiten Blüten haben einen zarten Duft, und manche wechseln die Farbe, wenn sie sich öffnen. Seerosen gibt es für nahezu jedes Klima und für Teiche jeder Größe und Tiefe, der Standort sollte immer sonnig und geschützt und das Wasser nahezu bewegungslos sein. Wuchernde Seerosen blühen nicht mehr; teilen Sie sie *(S. 60)*, sobald zu eng stehende Blätter aus dem Wasser wachsen.

***Nymphaea* ›Blue Beauty‹**
Reiche Blüte mit ungewöhnlicher Färbung. Die braun gefleckten Blätter haben gewellte Ränder. Die duftenden, halbgefüllten Blüten sind azurblau und haben tiefgelbe Staubblätter. In kühlen Zonen im Spätfrühling pflanzen und im Winter gegen Frost schützen. T 30–60 cm, A 1,2–2,2 m. ☼ ✿ ❄

Nymphaea capensis
Frostempfindlich, für warme Gebiete oder einen größeren Behälter im Wintergarten o. Ä. Die Blätter mit den welligen Rändern werden bis 40 cm, die halbgefüllten, hellblauen Sternblüten mit den gelben Staubblättern bis zu 25 cm groß. T 30–60 cm, A 1,5–2,5 m. ☼ ✿ ❄

NYMPHAEA ›BLUE BEAUTY‹

NYMPHAEA ›CAROLINIANA NIVEA‹

***Nymphaea* ›Caroliniana Nivea‹**
Winterhart, für größere Teiche; gedeiht am besten in großem Pflanzkorb oder Kasten. Die Blätter sind nahezu rund, die Blüten halbgefüllt, stern- bis becherförmig, duftend, elfenbeinweiß mit gelben Staubblättern. T 30–60 cm, A 1,2–1,5 m. ☼ ✿ ❄❄❄

NYMPHAEA CAPENSIS

***Nymphaea* ›Escarboucle‹**
Ideal für die meisten Teiche in kühlen Zonen; bleibt länger als die meisten rot blühenden Sorten geöffnet. Die braun getönten jungen Blätter wachsen zu einem satten Grün heran. Die halbgefüllte Blüte ist karminrot mit goldfarbenen Staubblättern; die äußeren Blütenblätter haben weiße Spitzen. T 30–60 cm, A 1,2–1,5 m. ☼ ✿ ❄❄❄ 🏆

***Nymphaea* ›Froebelii‹**
Eignet sich gut für Flachwasser, ideal für Fässer oder kleine Teiche. Die bronzefarbenen

NYMPHAEA ›LAYDEKERI FULGENS‹

jungen Blätter sind bei der ausgewachsenen Pflanze klein, rund oder herzförmig und blassgrün. Die tiefroten Blüten werden 10–13 cm groß und sind zunächst schalen-, später sternförmig mit orangeroten Staubblättern. T 15–30 cm, A 1 m. ☼ ✿ ❄❄❄

***Nymphaea* ›Gladstoneana‹**
Wuchernd und blühfreudig; sollte regelmäßig geteilt werden. Die bronzefarbenen jungen Blätter sind rund und dunkelgrün mit gekräuseltem Rand. Tiefrote Blüten in Form von halbgefüllten Sternen mit wächsernen Blütenblättern und strahlend gelben Staubblättern. T 45–60 cm, A 1,5–2,4 m. ☼ ✿ ❄❄❄ 🏆

Nymphaea* x *helvola
(syn. *N.* **›Pygmaea Helvola‹**)
Ideal für kleine, flache Teiche und Behälter. Die ovalen, purpur gesprenkelten Blätter haben purpurfarbene Unterseiten; die kleinen, halbgefüllten Blüten sind von einem klaren Gelb. T 15–22 cm, A 60 cm. ☼ ✿ ❄❄❄ 🏆

***Nymphaea* ›James Brydon‹**
Eine rosarote Seerose für kleine Teiche und Behälter. Die jungen rotbraunen Blätter wachsen zu einem dunklen Grün heran. Die gefüllte Blüte in üppigem Rosenrot kann 12 cm groß werden. T 30–45 cm, A 1–1,2 m. ☼ ✿ ❄❄❄ 🏆

***Nymphaea* ›Laydekeri Fulgens‹**
Sie blüht als eine der ersten Seerosen im Frühjahr und steht den ganzen Sommer hindurch in Blüte. Für jede Teichgröße geeignet. Die jungen Blätter sind mit Purpur durchsetzt und werden einfarbig grün. Halbgefüllte burgunderrote Blüte mit orangeroten Staubblättern. T 30–45 cm, A 1,2–1,5 m. ☼ ✿ ❄❄❄

NYMPHAEA ›JAMES BRYDON‹

***Nymphaea* ›Marliacia Chromatella‹**
Eine der zuverlässigsten gelben Seerosen, für jeden Teich geeignet. Ihre kupferfarbenen jungen Blätter mit purpurroter Zeichnung wachsen zu einem reizvollen Mittelgrün mit purpurfarbenen Sprenkeln heran. Üppig blühend mit halbgefüllten, schlüsselblumengelben Blüten von 15 cm Durchmesser. T 30–45 cm, A 1,2–1,5 m. ☼ ✿ ❄❄❄ 🏆

NYMPHAEA × *HELVOLA*

NYMPHAEA ›MARLIACEA CHROMATELLA‹

NYMPHAEA ›ROSE AREY‹

Nymphaea odorata
›Sulphurea Grandiflora‹
Blüht zuverlässig den ganzen Sommer lang mit gelber Blüte, die sich meist nur vom späten Morgen bis zum frühen Nachmittag öffnet. Die dunkelgrünen Blätter sind braun gefleckt. Die halbgefüllten, süß duftenden Blüten besitzen gelbe Staubblätter.
T 30–45 cm, A 1–1,2 m.
☀ ✿ ❄❄❄

***Nymphaea* ›Robinsoniana‹**
Blühfreudig, mit reizvoll kontrastierenden Blüten und Blättern. Die abwechselnd zart und kräftig purpurfarben gezeichneten Blätter haben dunkelrote Unterseiten. Sternförmige, orangerote Blüte mit schalenförmigem orangefarbenem Grund, 11–13 cm groß.
T 30–45 cm, A 1,2–1,5 m.
☀ ✿ ❄❄❄

NYMPHAEA ›SUNRISE‹

***Nymphaea* ›Rose Arey‹**
Sollte in einen großen Behälter gepflanzt werden, damit sich ein umfangreiches Wurzelwerk entwickelt. Die purpurroten jungen Blätter werden später grün. Die nach Anis duftende, halbgefüllte Blüte öffnet sich tiefrosa mit rosa-orangefarbenen Spitzen und goldenen Staubblättern; sie blasst zunehmend ab.
T 35–60 cm, A 1,2–1,5 m.
☀ ✿ ❄❄❄

***Nymphaea* ›Sunrise‹**
Diese gelb blühende Seerose ist zwar frostbeständig, braucht jedoch für eine reiche Blüte warme Temperaturen. Die purpur gesprenkelten jungen Blätter wachsen zu einfarbig grünen, runden oder ovalen Schilden von bis zu 20 cm Breite heran. Die halbgefüllten Blüten und die Staubblätter

NYMPHAEA TETRAGONA

NYMPHAEA ›VIRGINIA‹

sind gelb. T 30–45, A 1,2–1,5 m. ☀ ✿ ❄❄

Nymphaea tetragona
Zauberhafte weiße Seerose für kleine Teiche und Behälter; sollte im Winter vor Frost geschützt werden. Die ovalen Blätter haben Purpurtupfer, die Blüten einen zarten Duft.
T 15–22 cm, A 60–90 cm.
☀ ✿ ❄❄

***Nymphaea* ›Virginia‹**
Blühfreudig, mit tiefgrünen Blättern und halbgefüllter, deutlich sternförmiger, zartgelber (bis fast weißer) Blüte von 10–15 cm mit schmalen, Chrysanthemen ähnelnden Blütenblättern. T 30–45 cm, A 1,5–1,8 m. ☀ ✿ ❄❄❄

***Nymphaea* ›Wood's White Knight‹**
Wuchernde Nachtblüherin für große beheizte Teiche. Die fast kreisrunden Blätter von bis zu 40 cm haben ungewöhnliche, gebuchtete Ränder. Die großen, schmalblättrigen, weißen Blüten öffnen sich weit um die gelben Staubblätter.
T 40–60 cm, A 2,4–3 m.
☀ ✿ ⬙

LOTOS

MIT SEINEN BLAUGRÜNEN BLÄTTERN, großen Hochsommerblüten und der außergewöhnlichen Samenkapsel ist der Lotos *(Nelumbo)* eine sehr schöne Wasserpflanze für das subtropische Klima. In kühleren Zonen blüht er nur in sehr langen, heißen Sommern. Im beheizten Gewächshaus ist er eine Augenweide. Die Pflanztiefe liegt bei 15–60 cm. Die kräftigen Blattstängel strecken bald ihre Blätter bis 2 m über den Wasserspiegel.

***Nelumbo nucifera* ›Momo Botan‹**
Für diese sommergrüne, mehrjährige Pflanze, eine der kleinsten Lotos-Sorten, muss das Wasser nicht tiefer als 30 cm sein. Die ähnlich wie Pfingstrosen gefüllten Blüten sind leuchtend rosa mit gelben Ansätzen der Blütenblätter. Sie haben eine längere Blühdauer als die meisten Lotos, und ihre Blüten bleiben länger geöffnet, manchmal die ganze Nacht über. H 0,6–1,2 m, A 1 m.

NELUMBO ›MOMO BOTAN‹

***Nelumbo nucifera* ›Mrs. Perry D. Slocum‹**
Sommergrün, mehrjährig mit bereiften Blättern. Außergewöhnlich blühfreudig, wobei die Blüten in vieler Hinsicht der Rose ›Peace‹ ähnelt. Die Blütenfarbe wechselt von rosa überhauchtem Gelb am 1. Tag zu Rosa und Gelb am 2. und rosa überhauchtem Cremeweiß am 3. Tag. H 1,2–1,5 m, A unbegrenzt.

***Nelumbo* ›Shiroman‹** (syn. ***N. nucifera* var. *alba plena*)**
Wuchernd, sommergrün, mehrjährig, mit Blättern von 60 cm Durchmesser. Die zart duftenden, gefüllten, cremeweißen Blüten mit goldenen Staubblättern werden 25 cm groß. Breitet sich schnell aus; daher für mittelgroße bis große Teiche geeignet. H 0,9–1,5 m, A unbegrenzt.

***Nelumbo* ›Perry's Giant Sunburst‹**
Sommergrün, mehrjährig mit blaugrünen, 40–50 cm großen Blättern. Die angenehm duftende, große Blüte von bis zu 35 cm ist von einem satten Cremeton mit buttergelben Staubblättern. Die Blüten stehen auf robusten Stängeln hoch über den Blättern. H 1,4–1,7 m, A unbegrenzt.

NELUMBO ›PERRY'S SUPER STAR‹

***Nelumbo* ›Perry's Super Star‹**
Sommergrün, mehrjährig, mit blaugrünen Blättern. Die süß duftenden Blüten ändern ihre Färbung von sattem Rosa zu Gelb und schließlich zu einem Cremeton mit rosafarbenen Spitzen. Ungewöhnlich sind die sechs bis acht Blütenblätter in der Mitte der Blüte, die grüne Spitzen haben. H 1–1,2 m, A unbegrenzt.

UFERPFLANZEN

UFERPFLANZEN WACHSEN AM TEICHRAND im flachen Wasser. Der obere Pflanzenteil ist über dem Wasser sichtbar, während basale Teile und Wurzeln unter Wasser liegen. Viele von ihnen gedeihen auch in Sumpfböden gut. Ihr senkrechter Wuchs kontrastiert schön mit der flachen Wasseroberfläche und schwimmenden Blättern und lockert die Teichkonturen auf. Bei Uferpflanzen muss die geeignete Wassertiefe für die jeweilige Pflanzenart genau beachtet werden.

Acorus calamus (Aronstabgewächs: Gewöhnl. Kalmus)
Sommergrün, mehrjährig, Rhizome; irisähnliche Blätter (mit hellen Streifen bei ›Variegatus‹) mit gekräuselten Blatträndern. Kleine, kegelige Blüten knapp unterhalb der Blattspitzen. Im Frühjahr teilen. H 75 cm, A 60 cm, PT (Pflanztiefe) bis 25 cm. ☼ ◑ ❄❄❄

Alisma plantago-aquatica
(Froschlöffel)
Mehrjährige Rhizompflanze mit Rosetten ovaler Blätter, die auf langen Stängeln über Wasser stehen. Im Sommer zierliche, hellrosa Blüten. Sät sich in nassem Boden problemlos selbst aus. Im Frühjahr teilen. H 75 cm, A 45 cm, PT bis 25 cm.
☼ ◑ 💧 ❄❄❄

ALISMA PLANTAGO-AQUATICA

ERIOPHORUM ANGUSTIFOLIUM

Butomus umbellatus (Schwanenblume, Wasserveilchen)
Mehrjährig, mit bronzefarbenen Trieben, aus denen sich olivgrüne Blätter entwickeln. Rosenfarbene Blüten stehen im Sommer auf hohen, zylindrischen Stängeln. Gedeihen am besten im Flachwasser. Im Behälter regelmäßig teilen und umtopfen. H 0,6–1,2 m, PT 5–40 cm. ☼ ◑ ❄❄❄ 🏆

Calla palustris (Kalla, Schlangenwurz, roter Wasserpfeffer)
Sommergrüne oder halbimmergrüne, mehrjährige Pflanze mit langen, kriechenden Rhizomen. Im Frühling weiße aronstabartige Blütenstände, gefolgt von roten oder orangefarbenen Beeren. Im Frühjahr teilen. H 25 cm, A 30 cm, PT bis 5 cm. ☼ ◑ ❄❄❄

Caltha palustris
(Sumpfdotterblume)
Sommergrüne, winterharte, mehrjährige Pflanze. Im Frühjahr reich blühend mit wächsernen, becherförmigen, goldgelben Blüten über glatten, tiefgrünen Blättern. Auch gefüllt als ›Flore Pleno‹. Im Frühjahr oder Herbst teilen. H 60 cm, A 45 cm, PT bis 15 cm.
☼ ◑ 💧 ❄❄❄ 🏆

Cyperus (Zypergras)
Immergrünes, mehrjähriges Riedgras mit kräftigen, blattlosen, dreikantigen Stängeln. Im Sommer entwickeln sich Schöpfe zarter, herabhängender Blätter und strahlige Blütenzweige. *C. papyrus* (Papyrus) ist frostempfindlich und nicht einfach zu ziehen, *C. longus* ist jedoch völlig winterfest. Vor Wind schützen. Im Herbst teilen. H 3–5 m, A 1 m, PT bis 25 cm.
☼ ◑ ❄/❄❄❄

Eriophorum (Wollgras)
Immergrüne Moor- oder Uferpflanze, die dichte Büschel grasartiger Blätter bildet. Die Blüten sehen aus wie weiße Wattebäusche. Am besten in saurem Milieu wie Torfboden. Im Herbst teilen. H 30–45 cm, A unbegrenzt, PT bis 5 cm.
☼ ◑ 💧 ❄❄❄

Glyceria maxima
(Wasserschwaden)
Sommergrünes, mehrjähriges Wassergras: bei der var. *variegata* sind die Blätter hell gestreift, am Ansatz oft leicht rosa. Im Sommer offene Blütenstände mit kleinen, grünlichen Ährchen. Im Herbst teilen. H 80 cm, A unbegrenzt, PT bis 15 cm. ◐ ▣ ● ❄❄❄

Juncus (Binse)
Immergrüne, mehrjährige, Stauden bildende Binsen für Flachwasser und feuchten Boden. Die dunkelgrünen, blattlosen Stängel der *J. effusus* ›Spiralis‹ bilden attraktive Kringel und Spiralen. Im Sommer dichte, grünbraune Blütenschöpfe. Im Frühjahr teilen. H 0,6–1,0 m, A 45–60 cm, PT bis 5 cm. ☼ ◐ ▣ ● ○ ❄❄❄

JUNCUS EFFUSUS ›SPIRALIS‹

Lysichiton (Scheinkalla)
Wuchernd, sommergrün, mehrjährig, mit kräftigen Rhizomen, ideal für seichtes Gewässer, verträgt fließendes Wasser. Kleine, aronstabartige Spathae umgeben aufrechte Kolben zum Frühjahrsbeginn, bevor

WASSERSCHWERTLILIEN/WASSERIRIS

Sonnenliebende, sommergrüne, mehrjährige Pflanzen mit riemenartigen Blättern, Blüten in Blau, Purpur, Gelb oder Weiß und fleischigen Rhizomen. Sie gedeihen gut in Pflanzkörben, die ihre Ausbreitung in kleinen Teichen begrenzen. Iris schaffen eine Verbindung zwischen Uferzone und umgebender Bepflanzung. Die meisten wachsen in Flachwasser oder feuchtem Boden, bei einigen, wie der *Iris sibirica (S. 75)*, muss der Boden feucht, aber gut drainiert sein; daneben finden sich Garteniris, die auf trockenerem Grund gedeihen. Nach der Blüte im Sommer teilen.

Iris ensata
Dichte Stauden dicker Schwertblätter mit blauen oder weißen Blüten von 8–15 cm. Kalk meidend. Zum Winter nimmt man sie aus dem Wasser und versenkt sie im Korb in Gartenerde. H 60–90 cm, A unbegrenzt. ☼ ▣ ● ○ ❄❄❄ 🏆

Iris laevigata
Breite Blätter, die bei ›Variegata‹ weiß gestreift sind. Im Sommer malvenfarbene, weiße oder rosa Blüten. H 0,6–1 m, A unbegrenzt, WT 7–10 cm. Gedeiht in feuchtem Boden, der jedoch nie austrocknen darf.
☼ ▣ ● ○ ❄❄❄ 🏆

IRIS ENSATA ›BLUE PETER‹

Iris pseudacorus
(Sumpfschwertlilie)
Robust, wuchernd, mit dicken Wurzeln. Die breiten, gerippten Blätter sind graugrün, die von ›Variegata‹ 🏆 gelb gestreift. Die großen verzweigten Triebe können bis zu zehn Blüten in Milchweiß bis Gelb tragen; große goldene Hängeblätter, oft mit dunklem Fleck. H bis 2 m, A unbegrenzt, WT bis 30 cm, oder in feuchten Boden pflanzen.
☼ ▣ ● ○ ❄❄❄ 🏆

Iris versicolor
In Gruppen wachsende Iris mit schmalen, graugrünen Blättern; jeder verzweigte Stängel trägt drei bis fünf lila- bis lavendelfarbige Blüten, deren Hängeblätter weiß geädert und am Grund gelb gefleckt sind. H 60 cm, WT bis 57 cm. Auch für nasse Böden geeignet.
☼ ▣ ● ❄❄❄ 🏆

MENYANTHES TRIFOLIATA

die leuchtend grünen, paddelförmigen, lederigen Blätter erscheinen. Die Blütenstände des *L. americanus* sind gelb, die des *L. camchatcensis* weiß. H 75 cm, A 60–90 cm, PT 2,5 cm. ☼ ◑ 💧💧 ❄❄❄ 🏆

Mentha aquatica (Bachminze) Niedrig wachsend, mehrjährig, duftet beim Zerreiben. Die Kriechwurzeln halten nassen Boden gut zusammen. Im Sommer zarte, altrosa Blütenköpfe. Wie alle Minzen breitet sie sich rasch aus und muss ausgedünnt werden, wenn sie andere Pflanzen zu ersticken droht. Im Frühjahr oder Herbst teilen. H 15 cm, A 90 cm, PT 0–15 cm. ☼ ◑ 💧 ❄❄❄

Menyanthes trifoliata
(Fieberklee, Bitterklee)
Sommergrün, mehrjährig, mit dreiteiligen, olivgrünen Blättern auf hohen, von einer Scheide umgebenen Stängeln. Zierliche, weiße bis violette Blüten öffnen sich im späten Frühjahr aus rosa Knospen. Zu Beginn des Frühjahrs teilen. H 23 cm, A unbegrenzt, PT 5 cm. ☼ ◑ ❄❄❄

ORONTIUM AQUATICUM

Myosotis scorpioides
(Sumpf-Vergissmeinnicht)
Mehrjährige Wildpflanze mit Kriechwurzeln. Stängel zunächst liegend, dann aufrecht mit üppigem Grün aus schmalen, mittelgrünen Blättern. Blüht im Früh- bis Hochsommer; die kleinen, leuchtend blauen Blüten haben einen rosafarbenen, gelben oder weißen Grund. H 15–22 cm, A 30 cm, PT 0–15 cm. ☼ ◑ 💧 ❄❄❄

Orontium aquaticum
(Goldkeule)
Sommergrüne, mehrjährige Rhizompflanze für relativ tiefes Wasser, auf dem die blaugrünen Blätter mit ihren silbrig schimmernden Unterseiten schwimmen. Die kolbenförmigen Blütenstände stehen über dem Wasser. Im Frühjahr teilen. H 30–45 cm, A 60 cm, PT bis 30 cm.
☼ ■ ◑ ❄❄❄

RANUNCULUS LINGUA

Peltandra
Sommergrün, mehrjährig, mit kolbenförmigen, leuchtend grünen Blättern. Im Sommer schmale weiße oder gelbe, gelegentlich gelbrandige Spathae, gefolgt von roten oder grünen Beeren. Im Frühling teilen. H 90 cm, A 60 cm, PT 5–7 cm. ☼ ◑ ❄❄❄

Pontederia cordata
(Hechtkraut)
Robust, sommergrün, mehrjährig, bildet dichte Gruppen schlanker Stängel mit schmalen, glatten, herzförmigen Blättern. Im Spätsommer entspringen kompakte Ähren mit tiefblauen Blüten aus einem Blatt an der Triebspitze. Im Frühjahr teilen. H 75 cm, A 45 cm, PT 12 cm.
☼ ◑ ❄❄❄ 🏆

PONTEDERIA CORDATA

SAGITTARIA LATIFOLIA

Ranunculus (Hahnenfuß)
Es gibt nur zwei aquatische Hahnenfuß-Arten, beide sind sommergrün, mehrjährig und blühen im Spätfrühling. *R. lingua* hat goldgelbe Blüten (die größte Sorte heißt ›Grandiflora‹), die hoch über dem Wasser stehen; *R. aquatilis* wächst überwiegend unter Wasser mit schwimmenden, weißen Blüten auf gelbem Grund. Im Frühjahr teilen. H (*R. lingua*) bis 1,5 m, A 2 m, PT 7–15 cm.
☼ ☐ ❄❄❄

Sagittaria (Pfeilkraut)
Sommergrün, mehrjährig, mit lanzettartigen, grün schimmernden Blättern und hochstämmigen Quirlen mit weißen Blüten im Sommer. Sie entwickeln am Ende unterirdisch kriechender Stängel Verdickungen, die von der Mutterpflanze abgetrennt und kultiviert werden können. H 1,2 m, A 60 cm, PT 15 cm.
☼ ☐ ❄❄❄

Schoenoplectus lacustris (Teichsimse) **ssp. *tabernaemontani***
Mehrjährige, sich ausbreitende

TYPHA LATIFOLIA

Binse mit kriechenden Rhizomen. Die o. g. Unterart erreicht die halbe Höhe der hochwüchsigen Simse, benötigt aber auch einen größeren Teich. Die Stängel von ›Zebrinus‹ haben weiße Querstreifen. Sommerblüher mit Blütenähren in Weiß und Braun. Im Frühjahr teilen. H 1,5 m, A unbegrenzt, PT 7–15 cm.
☼ ☐ ❄❄❄

Scrophularia auriculata
(Wasser-Braunwurz)
Hartblättrige Immergrüne für Flachwasser oder feuchte Böden. ›Variegata‹ mit hellem Blattrand. Die grünlichen Blüten werden von Bienen geschätzt; durch Entfernen wird Selbstaussaat verhindert. Im Sommer teilen. H 90 cm, A 60 cm, PT 7 cm. ☼ ☐ ❄❄❄

Typha
(Rohrkolben, Teichkolben)
Sommergrünes, mehrjähriges Rohrkolbengewächs für Flachwasser oder nasse Böden. *T. latifolia* bildet große Stauden breiter Blätter, die bei der ›Variegata‹ hell gestreift sind, mit großen Rohrkolben. *T. minima* ist kleiner, bildet zarte Büschel; ihre rostbraunen Blütenähren reifen zu zylindrischen Fruchtkapseln. Im Frühjahr teilen. *T. latifolia*: H 1–1,2 m, A unbegrenzt, PT bis 25 cm. ☼ ☐ ❄❄❄
T. minima: H 60 cm, A 30 cm, PT bis 15 cm. ☼ ☐ ❄❄❄

Veronica beccabunga
(Bachbunge)
Kriechende, mehrjährige, wintergrüne Pflanze mit blauen Blüten und weißem Grund. Fleischige, kriechende, sich bewurzelnde Triebe. Im Herbst teilen; alte, wuchernde Exemplare ersetzen. H 10 cm, A unbegrenzt, PT 7 cm.
☼ ☐ ❄❄❄

Zantedeschia aethiopica
(Kalla)
Knollige Pflanze, unter Wasser recht winterhart; ideal für einen formal gestalteten Teich; blüht im Sommer mit großen duftenden Spathae, die bei ›Crowborough‹ ♕ reinweiß sind und bei ›Green Goddess‹ ♕ grüne Spritzer haben; Blütenkolben gelb. Voll entwickelte Pflanzen im Winter teilen. H 45–100 cm, A 35–60 cm, PT bis 30 cm. ☼ ☐ ◊ ❄

VERONICA BECCABUNGA

FEUCHTIGKEITSLIEBENDE PFLANZEN

VIELE PFLANZEN GEDEIHEN erst in feuchtem Boden richtig gut, nicht nur solche, die natürlicherweise an Bächen vorkommen, sondern auch viele, die, obwohl sie in üblichen Gartenböden kultiviert werden, erst in dieser Übergangszone zu voller Pracht gelangen. Dabei ist wassergesättigter Sumpfboden ideal für Uferpflanzen, während gut drainierte Böden wichtig für fast alle feuchtigkeitsliebenden Pflanzen sind, da sie Staunässe nicht vertragen.

AJUGA REPTANS ›MULTICOLOR‹

Ajuga reptans
(Kriechender Günsel)
Winterharte Immergrüne, deren Stängel eine deckende Matte bilden. Im Frühling stehen blaue Blütenähren mit violetten Tragblättern etwa 10–13 cm über den attraktiv gefärbten Blättern. Im Frühjahr teilen oder bewurzelte Teile abtrennen. H 10–13 cm, A 45 cm. ☼ ◐ ♦ ❄❄❄

Astilbe (Prachtspiere)
Winterharte, mehrjährige, krautige Staude mit herzförmigen Blättchen, im Sommer fedrige Blütenstände auf langen Stielen in Weiß-, Creme-, Lila-, Rot- und Rosatönen. Auch im herbstlichen Braun reizvoll. Zu Beginn des Frühjahrs teilen. H 45–60 cm, A 35–50 cm. ☼ ◐ ♦ ❄❄❄

Carex (Riedgras, Segge)
Winterharte, mehrjährige Stauden mit grasartigen Halmen, die bei einzelnen Unterarten gestreift oder farbig sind, bei der *C. elata* ›Aurea‹ z. B. leuchtend golden. Hohe Stängel tragen anmutige, braune Blütenähren; sie sind bei der *C. pendula* gebogen. Im Frühjahr teilen. H 60–90 cm, A 45 cm. ☼ ◐ ♦ ♦ ❄❄❄

Chelone obliqua
(Schlangenkopf)
Winterharte, mehrjährige Staude mit geraden Stängeln, die gezackte, dunkelgrüne Blätter tragen. Im Spätsommer bis Herbst purpurfarbene oder weiße, *Penstemon* (Bartfaden) ähnliche Blüten. Im Frühling oder Herbst teilen. H 1 m, A 50 cm. ☼ ♦ ❄❄❄

CAREX PENDULA

Cimicifuga simplex
(Silberkerze)
Mehrjährige Staude, die in feuchter, leicht schattiger Umgebung gedeiht. Die weißen oder blassrosa Blüten duften und stehen in zierlichen Ähren auf drahtigen Stängeln, die eventuell abgestützt werden müssen. Bei ›Brunette‹ ist das Blatt purpurfarben. ›Elstead‹ blüht oft bis in den späten Herbst. Im Frühjahr teilen. H 1,2 m, A 45 cm. ◐ ♦ ❄❄❄

Dryopteris filix-mas
(Wurmfarn)
Sommergrüner oder halbimmergrüner Farn, meist mit hübscher Form, mit aufrechten, dann anmutig gebogenen, mittelgrünen Wedeln. Gedeiht gleich gut in feuchtem oder gut drainiertem, feuchtigkeits-

CHELONE OBLIQUA

EUPATORIUM PURPUREUM

speicherndem Terrain, bevorzugt jedoch Schatten. Welkende Wedel entfernen. Im Herbst oder Winter teilen. H 1,2 m, A 1 m. ◐ ☀ ● ○ ❄❄❄ 🏆

Eupatorium purpureum (Wasserdost) Mehrjährige Staudenpflanze mit mittelgrünen, fein gezähnten, spitzen Blättern; ab Hochsommer bis Frühherbst rosa- oder cremefarbene Blütenköpfe. Bevorzugt alkalische Böden. H bis 2,2 m, A 1 m. ☀ ◐ ● ❄❄❄

Filipendula (Mädesüß) Krautiges Staudengewächs mit herrlich geteilten Blättern in frischem Grün. Trägt im Hochsommer verzweigte Schirmrispen mit rosa- oder cremefarbenen Blüten. Alte Blüten entfernen. Im Herbst teilen. H 60 cm, A 45 cm. ☀ ● ○ ❄❄❄

FILIPENDULA ULMARIA ›AUREA‹

Hosta (Funkie, Trichterlilie) Krautige, Gruppen bildende Staude, die wegen ihrer großen, dekorativen maigrünen oder blaugrauen Blätter kultiviert wird, von denen viele weiß oder cremefarben panaschierte Ränder haben. Grauweiße oder blassviolette, trompetenförmige Blüten stehen im Hochsommer auf zierlichen Stielen über dem Laub. Im Frühjahr nur teilen, wenn neue Pflanzen erwünscht sind. H 75 cm, A 1 m. ☀ ● ○ ❄❄❄

Iris sibirica (Sibirische Schwertlilie) Mehrjährige Rhizompflanze mit aufrechten Büscheln grasähnlicher Blätter. Jeder Stängel trägt zwei bis drei dunkel gezeichnete, blaue oder blauviolette Blüten (bei var. *alba* weiß) von 5–10 cm Größe. Anpassungsfähig, gedeiht auf trockenem Boden. Im Spätsommer teilen. H 45 cm, A 90 cm. ☀ ● ○ ❄❄❄ 🏆

Kirengeshoma palmata (Wachsglocken) Aufrechte, krautige Stauden mit großen, gerundeten, behaarten Blättern, Ränder unregelmäßig. Trichterförmige, wächserne, gelbe Blüten hängen im Spätsommer in lockeren Rispen von purpurfarbenen Stängeln. Kalk meidend. Im Herbst oder Frühling teilen. H 1 m, A 60 cm. ◐ ● ○ ❄❄❄ 🏆

HOSTA FORTUNEI VAR. *AUREOMARGINATA* 🏆

Liatris spicata (Prachtscharte) Krautige Staude mit abgeflachten, geschwollenen Stängeln und schmalen Blättern. Die zahlreichen, dichten Blütenähren in Rosa, Weiß oder sattem Purpur (›Kobold‹) öffnen sich von oben nach unten. Blüte vom Spätsommer bis in den Frühherbst; werden gerne von Bienen angeflogen. H 0,5–1,2 cm, A 45 cm. ☀ ◐ ○ ❄❄❄

Ligularia Gruppen bildende, krautige Staude mit großen, stark geäderten, dunkelgrünen Blättern. Im Hoch- bis Spätsommer öffnen sich gelb bis orangefarbene Blüten an großen, pyramidenförmigen Ähren. Verblühen schnell an sonnigen, windigen Tagen oder bei Trockenheit. Im Frühjahr teilen. H 2 m, A 60 cm. ☀ ● ❄❄❄

Lobelie

Die mittelhohen, Gruppen bildenden Stauden dieser Gattung, wie z. B. *L. cardinalis* 🏆, die in feuchten Böden gedeihen, sind völlig verschieden von den Beetlobelien. Mit lanzettartigen Blättern in frischem Grün oder Purpurbronze (›Queen Victoria‹ ♀); vom Hoch- bis Spätsommer tragen hohe Ähren zweilippige, purpur- oder scharlachrote Blüten. Winternässe meiden; bei sumpfigem Standort im Winter in trockeneren Boden umsetzen. Im Frühjahr teilen. H 1 m, A 25 cm. ☀ 💧 ❄❄❄

Matteuccia struthiopteris (Straußfarn)
Sommergrüner Farn mit Rhizomen, der in normaler Gartenerde und in feuchten Böden gedeiht. Die dunkelbraunen inneren Wedel stehen aufrecht, umgeben von äußeren federballartig angeordneten Wedeln. Im Herbst oder Winter teilen. H 1 m, A 45 cm. ☀ 💧 💧 ❄❄❄ ♀

OSMUNDA REGALIS

Mimulus cardinalis (Rote Gauklerblume)
Verzweigtes, mehrjähriges Gewächs mit leuchtend roten Blüten ab Sommermitte. Im Spätsommer zurückschneiden. Im Frühjahr teilen oder in kalten Zonen als einjährige Pflanze kultivieren. H 60–90 cm, A 90 cm. ☀ 💧 💧 ❄❄❄ ♀

Osmunda regalis (Königsfarn)
Eleganter, sommergrüner Farn. Erwachsene Pflanzen haben sterile Wedel bis zu 1,5 m Länge in blassem Grün, das sich zu sattem Rostbraun vertieft. Blassbraune fertile Abschnitte an den Spitzen größerer Wedel. Im Winter teilen und durch Mulch schützen. H 2 m, A 1 m. ☀ 💧 ❄❄❄ ♀

Parnassia palustris (Sumpfherzblatt)
Kleine, mehrjährige Pflanze, oft immergrün, mit niedrigen Büscheln herzförmiger, blass- oder mittelgrüner Blätter. Im Spätfrühling oder Frühsommer weiße, hahnenfußartige Blüten. H 20 cm, A 6 cm. ☀ 💧 💧 ❄❄❄

TEICHPRIMELN

Primeln sehen an einem naturnahen Teich sehr schön aus, und die hochgestreckten Kandelaberprimeln fügen sich auch in ein formstrenges Konzept gut ein. Die winterharten, feuchtigkeitsliebenden Arten sind kleine, Gruppen bildende Stauden, die von Früh- bis Hochsommer blühen und deren Blütenstängel aufrecht aus der Grundrosette ragen. Primeln neigen zur Selbstaussaat. H 30–60 cm, A 30–45 cm. ☀ ☀ 💧 ❄❄❄

Primula beesiana
Kompakte Kandelaberprimel mit pudrig weißen Blattunterseiten und rosa bis purpurfarbenen Blüten mit gelbem Saftmal.

Primula bulleyana ♀
Langzeitblüher mit tieforangen, manchmal malvenfarbigen Blütenköpfen.

Primula florindae ♀
Riesenschlüsselblume mit lockeren Blütenständen hängender, pudrig gelber Blüten. Ideal für den Biotop-Teich.

Primula japonica ♀
Kräftige Stängel tragen etagenweise angeordnete Blüten in Karmesinrot oder Weiß mit karmesinrotem Saftmal.

Primula prolifera ♀
Wuchernd, mit kräftigen Stängeln, die leuchtend gelbe Blüten tragen, zur großflächigen Bepflanzung geeignet.

PRIMULA BULLEYANA

Primula pulverulenta ♀
Kandelaberprimel mit lockeren Blütenständen zierlicher Blüten; rot oder purpurrot bzw. perlmuttfarben.

PARNASSIA PALUSTRIS

Persicaria bistorta (Wiesenknöterich)
Wuchernde, mehrjährige Staude mit dichten, ampferartigen Grundblättern. Aufrechte, breite, flaschenbürstenartige Ähren mit zartrosa Blüten; lange Blühzeit. ›Superba‹ ist sehr dauerhaft. Kann stark wuchern; im Frühjahr oder Herbst teilen. H 60–75 cm, A 60 cm. ☼ 💧 ◊ ❄❄❄

Phlox paniculata
Gedeiht gut in feuchter, nicht kalk- oder tonhaltiger Erde. Aufrechte, krautige Staude mit attraktiven, cremefarbenen Blättern, in der Mitte grün bei ›Norah Leigh‹. Pyramidenförmige Köpfchen mit duftenden, malvenfarbenen, blassrosa oder weißen Blüten, die sich im Sommer öffnen. Im Frühjahr teilen. H und A 60 cm.
☼ 💧 ❄❄❄

Rheum palmatum (Rhabarber)
Kräftige, mehrjährige Staude, die wegen ihrer stattlichen, Blätter kultiviert wird; bei ›Atrosanguineum‹ sind die jungen Blätter tiefpurpurrot, die älteren nur an der Unterseite. Im Frühsommer dichtbestandene Ähren mit kleinen, rostroten Blüten. Wächst am besten in tiefer, feuchter Erde. Im Frühjahr teilen.
H und A 2 m. ◐ 💧 ❄❄❄ 🏆

Rodgersia
Mehrjährige Staude mit Rhizomen. Große, smaragdgrüne Blätter, bisweilen mit Bronzeschimmer. Im Sommer Rispen oder Büschel mit rosafarbenen oder weißen Blüten. Gut geeignet bei waldartiger Gestaltung. Im Frühjahr teilen.
H 1–1,2 m, A 1 m. ◐ 💧 ❄❄❄

Salix (Weide)
Die meisten Weiden gedeihen in feuchten Böden. Zu den kleinen Weidenbüschen gehört die *S. hastata* ›Wehrhahnii‹ 🏆, ein sommergrüner Strauch für natürlich drainierte oder feuchte Böden. An glänzenden Stängeln trägt sie im Frühjahr, bevor die ovalen Blätter sprießen, weiße Kätzchen.
H und A 1,5 m. ☼ 💧 ◊ ❄❄❄

Thelypteris palustris (Sumpffarn, Sumpflappenfarn)
Sommergrüner Farn mit langen Kriechwurzeln und stark zerteilten, blassgrünen Wedeln an langen Stängeln. Fertile Wedel bilden sich nur bei guten Lichtverhältnissen. Ihre Vielzahl feiner Sori verleiht der Pflanze im Spätsommer oft einen braunen Schimmer.
H 60 cm, A 1 m. ◐ 💧 ❄❄❄

Tricyrtis macrantha (Krötenlilie)
Krautige, büschelige Staude mit dicken Rhizomen und gebogenen oder liegenden, braunen, behaarten Stängeln. Die glänzenden, dunkelgrünen Blätter sind am Ansatz herzförmig. Im frühen bis mittleren Herbst entwickeln sich lange, glockenartige, tiefgelbe Blüten, innen rotbraun gefleckt, mit fleischigen Blütenblättern aus den oberen Blattachseln. Vor Wachstumsbeginn im Frühjahr teilen.
H 40–80 cm, A 30 cm.
◐ ● 💧 ❄❄❄

Trillium (Waldlilie)
Mehrjährige Staude mit mittelgrünen Blattwirteln zu drei Blättern. Weiße oder purpurbraune, dreizählige, attraktive Blüten im Frühjahr, die bei einigen Arten (besonders *T. erectum* 🏆) unangenehm riechen. Im Spätsommer teilen.
H 25–45 cm, A 20–30 cm.
◐ ● 💧 ❄❄❄

Trollius (Trollblume)
Kompaktes, winterhartes, mehrjähriges Gewächs mit Blüten, die an gefüllte Hahnenfußblüten erinnern. Dicke, faserige Wurzeln und stark zerteilte, mittelgrüne Blätter. Im Frühjahr runde, zitronen- bis mittelgelbe Einzelblüten auf hohen, schlanken Stängeln. Im Herbst teilen.
H 50–60 cm, A 35–45 cm.
☼ ◐ 💧 ❄❄❄

TROLLIUS EUROPAEUS

Register

Kursive Seitenzahlen verweisen zusätzlich auf Abbildungen.

A

B

C

D

E

F

G

H

I–J

K

DANK

Bildrecherche Mollie Gillard
Spezialfotografie Peter Anderson
Abbildungen Karen Cochrane
Register Hilary Bird

Dorling Kindersley dankt: allen Mitarbeitern der RHS, insbesondere Susanne Mitchell, Karen Wilson und Barbara Haynes vom Vincent Square, und Kinsman Products, die die Wasserspeier zur Verfügung stellten.

Fotonachweise
Der Verlag möchte auch folgenden Personen und Institutionen für die freundliche Genehmigung zur Reproduktion ihrer Fotos danken: (o=oben, m=Mitte, u=unten, l=links, r=rechts)

AKG London: Christies 7 mr
A-Z Botanical Collection: Andrew Cowin 62, Michael R. Chandler 6 om, Neil Joy 71um
The Garden Picture Library: Umschlagrückseite or, 10 u, Brian Carter 5 ul, 67 or; Howard Rice 21 m; John Glover 27 mu; Lamontagne 6; Sunniva Harte 21 ml; Vaughan Flemming 14 ul
Garden Matters: 31 mr, 64 ol
John Glover: 13 o, 22, 27 mr-a, 32 mr, 42 or
Robert Harding Syndication: Hugh Palmer/ *Homes & Gardens* 16
Jerry Harpur: 8 or
Andrew Lawson: Umschlagv. ol, 2, 11 u, 13 ur
Clive Nichols: Umschlagvorderseite ml, 12 u, 28, 38 or; Designer Anthony Noel, 15
Oxford Scientific Films: P. K. Sharpe 63 um
Photos Horticultural: 8 ul, 9 or, Birt Association of Landscape Industries 52 bl; Michael & Lois Warren Umschlagvorderseite m, 4 ur, 44 mr, 48
Harry Smith Collection: 7 ul, 67 ul
Peter D. Slocum: 69 mu
Stapeley Water Gardens: 68 um, 69 mr-a
Elizabeth Whiting & Associates: 11 or

The Royal Horticultural Society: Um mehr über die Arbeit der Society zu erfahren, besuchen Sie uns im Internet unter **www.rhs.org.uk.** Dort finden Sie Informationen über Veranstaltungen, eine Datenbank, internationale Pflanzenverzeichnisse, die Ergebnisse von Pflanzenversuchen und Details zur Mitgliedschaft.

FUTARI H
STEP UP LOVE STORY
KATSU AKI
15

STEP UP LOVE STORY

FUTARI H

SOMMAIRE 15

STEP UP
Love Story
KATSU AKI
CHAPITRE 41
YURA
APPRENTIE GEISHA ♡

NOUS SOMMES À KYÔTO.

MAKOTO EST EN DÉPLACEMENT POUR SA SOCIÉTÉ !
L'IDÉE D'ÊTRE SÉPARÉ DE YURA TROP LONGTEMPS LUI ÉTANT INSUPPORTABLE, IL L'A LITTÉRALEMENT KIDNAPPÉE SUR LE QUAI DE LA GARE, QUELQUES SECONDES AVANT LE DÉPART.
TU VAS FAIRE DU TOURISME !?
OUI, JE DOIS ACCOMPAGNER LA FILLE D'UN DE NOS GROS CLIENTS AMÉRICAINS...
APPAREMMENT, ELLE TIENT BEAUCOUP À TE RENCONTRER.
AH... POURQUOI ?
ELLE RÊVE DE DISCUTER AVEC UNE JAPONAISE.
AH BON ?
UN PEU PLUS TARD...
OH ! M. MARATO, QUEL BONHEUR DE VOUS REVOIR !
ELLE, C'EST SHERRY, 18 ANS.

AH...
OH...
OH !
Smaaack
QUI EST-CE ?
EUH... C'EST MON ÉPOUSE.
SO... HOW DO YOU DO ?
ENCHANTÉE ! JE ME DÉBROUILLE UN PEU EN JAPONAIS, JE L'AI ÉTUDIÉ À LA FAC !
AH... D'AC-CORD.
J'AI HÂTE DE VISITER CETTE BELLE VILLE, M. MONCOCO !
EUH... MOI, C'EST MAKOTO.
JE LA TROUVE UN PEU COLLANTE.
HUM... LES OCCIDENTAUX SONT TRÈS EXPAN-SIFS, ILS AIMENT BIEN MANIFESTER LEURS SENTIMENTS...
ENFIN...
JE CROIS !
HMM
HMM
JE NE SUIS PAS JALOUSE, NE T'INQUIÈTE PAS.
HUM
EN RÉALITÉ, ELLE EST HORRIBLE-MENT JALOUSE... (HI HI)

* TEMPLE BOUDDHIQUE, FONDÉ À KYÔTO EN 798 ET DÉDIÉ AU CULTE DU KANNON AUX 11 VISAGES.

** APPRENTIES GEISHA.

GION...
C'EST UN QUARTIER DE KYÔTO, CÉLÈBRE POUR SES GEISHA ET MAIKO.
COMME ELLES SONT BELLES ! J'AIMERAIS TELLEMENT LEUR RESSEMBLER.
JE NE CROIS PAS QUE CE SOIT POSSIBLE...
PETITE PAUSE DANS UN SALON DE THÉ TRADITIONNEL.
BIEN SÛR QUE SI, PUISQU'IL EXISTE DES ÉTABLISSEMENTS QUI LOUENT DES KIMONOS POUR LES BALS COSTUMÉS ET LES FÊTES.
AH BON !
ALLONS NOUS DÉGUISER EN MAIKO, MADAME YURA !
HEIN !?
ALLEZ, ON Y VA !?
MAIS... MAKOTO-OO...
QUOI, ÇA PEUT ÊTRE UNE BONNE IDÉE, NON ?
JE SUIS SÛR QUE YURA SERA RAVISSANTE EN GEISHA.
TRRR
TRRR

ON VA S'OCCUPER DE VOUS...
STUDIO
SUIVEZ-MOI POUR CHOISIR VOTRE KIMONO.
ON SE RETROUVE TOUT À L'HEURE !
HA HA...
WHAOU ! ILS SONT MAGNIFIQUES
HÉÉÉ !
PLOTT
JE SUIS SÛRE QUE M. MATAKO DOIT ADORER VOUS CARESSER LES SEINS, NON ? IL PARAÎT QUE ÇA LES EMBELLIT...
VOUS DEVEZ AVOIR UNE VIE SEXUELLE ÉPANOUIE, QUELLE CHANCE !
EUH... OUI !
NON, MAIS ÇA VA PAS !!
REGARDEZ ! COMPARÉS AUX VÔTRES, LES MIENS RESSEMBLENT À DE VRAIS ŒUFS SUR LE PLAT.

LES AMÉRICAINS ONT-ILS UNE VIE SEXUELLE ÉPANOUIE ?

36 % DES HOMMES ET 25 % DES FEMMES DISENT NE PAS ÊTRE SATISFAITS. POUR EUX, L'IDÉAL SERAIT DE FAIRE L'AMOUR AU MOINS 13 FOIS PAR MOIS, ALORS QUE, SELON LES STATISTIQUES, ILS NE LE FONT QUE SIX FOIS. L'ACTE SEXUEL DURERAIT EN MOYENNE 39 MINUTES, PRÉLIMINAIRES COMPRIS. FINALEMENT, ON SE REND COMPTE QU'IL N'Y A GUÈRE DE DIFFÉRENCE AVEC LES JAPONAIS.

SOURCE : ARE YOU NORMAL ? ST MARTIN PRESS.

OUPS !
ENFER ET DAME NATURE ?
DE... DENG
NO!! SHIT!!
TADAM
DES SEINS... DES SEINS ÉTRANGERS...
TODOM
TODOM
MAKOTO...
Oui ?

HUM
J'AI UN PEU HONTE...
WHAA, TU ES MER-VEILLEUSE, YURA !

OH JE... JE NE SAVAIS PAS !
EUH, NON... VOUS DEVEZ GARDER VOS SOUS-VÊTE-MENTS...
SUPERBE !
HI HI...
HEIN ?
CE SERAIT DOMMAGE DE NE PAS PROFITER D'UNE OCCASION PAREILLE !
UN PEU EXCITÉ...
SHERRY
INSTALLEZ-VOUS, LÀ.
ET MAINTE-NANT... LA SÉANCE PHOTO.
C'EST REPARTI POUR LES FANTASMES...
Todom
OH... FAIRE L'AMOUR À YURA EN GEISHA... RIEN QUE D'Y PENSER, ÇA M'EXCITE !
Todom

HMM
YURA...
DÉCIDÉMENT, IL NE PENSE VRAIMENT QU'À ÇA.
OUAIS
SPOUF
QU'EST-CE QUE TU FAIS ?
ELLE PARLE AVEC L'ACCENT DE KYÔTO.
OH NON... ARRÊTE !
HÉ HÉ...
Plitch
Plitch
HAN
Plitch
AH !
HAN

FANTASME EN DOUBLE PAGE !! ☆
HAN
HAN
AAA AAH ! ☆

OUIII...
HAN HAN
Flotch
Flotch
SNIF
SNIF
FLORF
FLORF
PFUUUUH ! C'ÉTAIT BON ! ♡
QUEL IDIOT !
UNE IMAGINATION DÉBORDANTE...
ON Y VA, MAKOTO ?
HEIN ?
OUPS
VOUS SORTEZ COMME ÇA ?
OUI, ON PEUT LES EMPRUNTER QUELQUES HEURES...

* SANCTUAIRE SHINTÔ DE KYÔTO ÉDIFIÉ EN 1895.

EN FAIT... JE VIENS JUSTE DE ROMPRE AVEC MON AMI...
SNIF...
SHERRY, JE SUIS DÉSOLÉE...
...
OH... C'EST ABSOLUMENT DÉLICIEUX ! ♡
LES METS À BASE DE TOFU SONT UNE SPÉCIALITÉ DE KYÔTO.
MADAME YURA, ÊTES-VOUS HEUREUSE ?
VOTRE MARIAGE VOUS A-T-IL APPORTÉ LE BONHEUR ?
OUI...
À MOI AUSSI. ♡

JE SUIS IMPATIENTE DE ME MARIER.
HI HI
CHEZ LES AMÉRICAINS, L'ÂGE MOYEN DU MARIAGE EST 26,8 ANS POUR LES HOMMES ET 25 ANS POUR LES FEMMES.
SOURCE : SPORT NIPPON 28 JUILLET 1998.
Kyoto Station
JE VOUS REMERCIE POUR CETTE MERVEILLEUSE JOURNÉE.
JE VOUS EN PRIE.
TENEZ, SHERRY... C'EST POUR VOUS.
Dling
?
QU'EST-CE QUE C'EST ?

C'EST UN PORTE-BONHEUR QUE J'AI ACHETÉ AU TEMPLE SHIMOKAMO.
J'ESPÈRE QU'IL VOUS AIDERA À TROUVER RAPIDEMENT L'ÂME SŒUR.
HOO...
OH, MADAME YURA !
JE VOUS ADORE !
HEY !!
Smack
MERCI ET À BIENTÔT, J'ESPÈRE !
CETTE SHERRY EST VRAIMENT CHARMANTE...
OUI !
TOUT UN TAS D'AVENTURES ATTENDENT ENCORE YURA ET MAKOTO À KYÔTO.

STEP UP
Love Story
KATSU AKI
CHAPITRE 142
SANS TOI, LA VIE EST TRISTE
À LA DEMANDE DE SA SOCIÉTÉ, MAKOTO DOIT ENCORE SÉJOURNER UN MOIS À KYÔTO… YURA VA BIEN SÛR RESTER À SES CÔTÉS.

QUOI !? MAIS TU M'AVAIS PROMIS DE M'EMMENER À KOBE...
JE SUIS DÉSOLÉ... J'AI ENCORE BEAUCOUP DE BOULOT ICI...
C'EST AUJOURD'HUI QU'ILS DE-VAIENT PARTIR POUR LEUR PETITE ESCAPADE EN AMOUREUX...
ZUT ★ !!
JE T'APPELLE DÈS QUE J'AI FINI, D'ACCORD !?
À PLUS TARD !
BONNE JOURNÉE !
PFFF
......

POUF
POF POF
QUAND JE SUIS À LA MAISON, IL Y A RIKA ET KYOKO QUI VIENNENT ME VOIR...
JE VAIS M'ENNUYER, TOUTE SEULE, TOUTE LA JOURNÉE...
JE SAIS ! JE VAIS ALLER FAIRE UN TOUR EN VILLE.
Ouais !
ÇA ME REMONTERA LE MORAL !
ET AINSI... YURA PART À L'AVENTURE DANS LES RUES D'OSAKA !!
道頓堀

PRESSE
LES GENS ONT TOUS L'AIR TRÈS PRESSÉS, ICI !
PRESSE
LES HABITANTS D'OSAKA MARCHENT TRÈS VITE. ILS PARCOURENT EN MOYENNE 1,06 M À LA SECONDE.
SOURCE : STATISTIQUES DE LA SÉCURITÉ ROUTIÈRE INTERNATIONALE.
HÉ, BEAUTÉ ! TU VIENS PRENDRE UN VERRE !?
HEIN ? ILS ME DRAGUENT ?
GLOUP
ELLE NOUS IGNORE !
PFOU... ILS M'ONT FAIT PEUR.
YURA SE TROUVE DANS UNE RUE FRÉQUENTÉE PAR TOUS LES DRAGUEURS D'OSAKA. UN VÉRITABLE TERRAIN DE CHASSE. (HI HI)
PRESSE
PRESSE
ALORS COMME ÇA, ICI, ON MONTE LES ESCALATORS À PIED !?
C'EST NORMAL, ICI. (HI HI)
CENTRE COMMERCIAL

CAFÉ ORA
ÇA MARCHE, LES AFFAIRES ?
ON A FAIT UN BON MOIS.
CES GENS M'ONT ÉPUISÉE...
LES HABITANTS D'OSAKA ONT LA RÉPUTATION D'ÊTRE DES GENS TRÈS ACTIFS. LES HABITANTS DE TOKYO, EUX, SONT PEUT-ÊTRE PLUS SUPERFICIELS...
SOURCE : JOURNAL NIKKEI, 1997.
LES FILLES ONT L'AIR D'ÊTRE PLUS EXCENTRIQUES, ICI...
ALORS, JE LUI AI DIT...
C'ÉTAIT EN EFFET LE CAS IL Y A QUELQUES ANNÉES, MAIS MAINTENANT QUE LA MODE, ICI COMME DANS TOUT LE PAYS, EST AU MAQUILLAGE NATUREL, IL Y A DE MOINS EN MOINS D'EXCENTRIQUES.
ON DIT SOUVENT QUE LES FILLES D'OSAKA NE SONT PAS SÉRIEUSES, MAIS SIGNALONS TOUT DE MÊME QUE C'EST LA VILLE OÙ IL Y A LE PLUS DE MARIAGES : À TOKYO, SEULEMENT 70 % DES PERSONNES VIVANT EN COUPLE SONT MARIÉES, CONTRE 90 % À OSAKA... C'EST AUSSI À TOKYO QU'ON SE MARIE LE PLUS TARD : 27,4 ANS POUR LES FEMMES ET 29,7 ANS POUR LES HOMMES.
SOURCE : COMPARAISON ENTRE LE KANTO ET LE KANSAI.
PFOUH !
TIENS BON, YURA !
CE N'EST TOUT DE MÊME PAS LA MER À BOIRE DE PASSER UNE JOURNÉE, TOUTE SEULE !
HUMPF
JE CROIS QU'ELLE SE FORCE...

* PLUS DE 21 000 EUROS. IL S'AGIT D'UNE BLAGUE TYPIQUE DES HABITANTS D'OSAKA.

LA VOILÀ MAINTENANT DANS LE QUARTIER DES LOVE HOTEL. (HI HI)
OH !
ALLEZ, TU VIENS !?
LAISSEZ-MOI !
HOTEL マオ
HOTEL 東海道
HOTEL TAW
DEEP RED
CHAMBRE
2 500 YENS /HEURE
QUOI ? 2 500 YENS POUR UNE HEURE ?
EN GÉNÉRAL, À TOKYO, LES CHAMBRES SE LOUENT POUR DEUX HEURES ! CE SONT DES PETITS JOUEURS, ICI, OU QUOI ?
CE N'EST PAS TROP CHER.
NON, YURA, CE N'EST PAS POUR ÇA.
ON DIT SOUVENT QUE CETTE VILLE EST LE BERCEAU DES HÔTELS DE PASSE. DANS LES ANNÉES 30, ON FACTURAIT AUTOMATIQUEMENT LES TROIS PREMIÈRES HEURES, MAIS AU FIL DES ANNÉES, LE NOMBRE D'HEURES DE BASE A CONSIDÉRABLEMENT DIMINUÉ. TOUT SIMPLEMENT PARCE QU'ICI, LES GENS SONT PLUS RATIONNELS. MÊME S'ILS Y PASSENT DEUX HEURES, LES CLIENTS SONT CONVAINCUS DE PAYER MOINS CHER EN VOYANT LE PRIX DE L'HEURE AFFICHÉ... CELA SIGNIFIERAIT-IL QUE LES HABITANTS D'OSAKA SONT RADINS ? OU ALORS QUE LES HABITANTS DE TOKYO SONT PLUS VANITEUX ?
HMM... COMME J'AIMERAIS ÊTRE DANS LES BRAS DE MAKOTO, À CET INSTANT !
HUMPF !
TODOM TODOM
HAN...
HAN...
FLORF
FLORF
YURA SE METTRAIT-ELLE À FANTASMER, ELLE AUSSI ?

DANS UN PARC...
PROFONDE SOLITUDE
......
CET ENDROIT EST MAGNIFIQUE ! ♡
DÉCIDÉ-MENT...
JE CROIS QUE...
MAIS JE ME SENS SI SEULE...
JE N'AI PERSONNE AVEC QUI PARTAGER CE BONHEUR...
PFFF...

MAKOTO ME MANQUE...
SNIF
TERRIBLEMENT ! ☆
Snif
VOILÀ QUE JE ME METS À PLEURER, MAINTENANT ! ☆
Tululu
!
ALLÔ ?
MAKOTO ! ♡

大阪駅
OSAKA STATION
YURA ! ♡
MAKO-TO... ♡
HI HI
SNIF
JE SUIS HEUREUSE DE TE VOIR ! ♡
SPOF
MAIS YURA, QU'EST-CE QUI TE PREND ?!
TU AVAIS TRÈS ENVIE D'ALLER À KOBE, N'EST-CE PAS ?
EUH... OUI.
JE ME FAISAIS UN PLAISIR...
DE DÉCOUVRIR CETTE VILLE...

NOUS N'AURONS JAMAIS LE TEMPS DE TOUT VISITER !?
MAIS... EUH... IL EST UN PEU TARD...
HÉ HÉ...
DANS CE CAS... ALLONS-Y MAINTENANT !
QUOI !?
J'AI EU UNE SUPER IDÉE. ☆ ♡
TU POURRAS FAIRE TOUT CE QUE TU AS PRÉVU. ☆
QUELLE EST DONC SA DERNIÈRE TROUVAILLE ?
ALLONS-Y !
MAIS... MAKOTO... ?
SWHOF
? ?

KOBE.
TU ES PRÊTE ?
CLIC
SSHRAAH
WOUAH !!
QUELLE VUE SPLENDIDE ! ♡

POF
D'ICI, ON PEUT VOIR TOUTE LA VILLE... PAS MAL, HEIN ?
MAGNI-FIQUE.
À GAUCHE, LE PHARE... À DROITE, LA VILLE NOUVELLE ET LE QUARTIER KITANO...
MERCI MAKOTO... ♡
ÇA ME FAIT PLAISIR...
DE TE VOIR HEUREUSE.
HMM
SMACK ♥

NOUS PASSERONS LA NUIT À CONTEMPLER CE MAGNIFIQUE PAYSAGE.
SSHRAAH
Clic
POURQUOI FERMES-TU ?
FWOF
HEIN ?
HMM
PARCE QUE C'EST TOI QUE J'AI ENVIE DE CONTEMPLER, CE SOIR... ♡
SOURIRE

HMPFF...
YURA... ♡
HAN! HAN!
MA... MAKO-TO...
TCHOF TCHOF
MAKOTO!
MAKOTO!

OUI... OUIIIIIII !!
SPOF SPOF SPOF
SPOF SPOF SPOF SPOF
AH... !!
BWOM
BWOM
FLORF FLORF
SWEB
FLORF
HAN ! HAN !
FLORF
SSHRAAH
Clic
ZUT !

OH... QUELQU'UN POURRAIT NOUS VOIR ET J'AI LE VERTIGE !
IMPOSSIBLE, NOUS SOMMES TROP HAUT. ET JE TE TIENS BIEN...
SPOF
AH... AAAAAH...
SPOF
HAN
HAN
HAA AAN !!
TCHOF

CHAPITRE 142 : SANS TOI, LA VIE EST TRISTE - FIN

STEP UP
Love Story
KATSU AKI
CHAPITRE 143
JE T'ATTENDRAI À LA MAISON... ♡

NOUS SOMMES TOU-JOURS...
À KOBE... ☆

VOILÀ DEUX SEMAINES QU'ILS ONT QUITTÉ TOKYO.
TU ES PRÊTE POUR UNE PETITE VISITE DE KOBE ?
PFOUAH !
AH...
TU N'AS PAS ASSEZ DORMI.
JE CROIS QUE CE VOYAGE M'ÉPUISE...
OUI... C'EST VRAI QU'ON NE DORT PAS BEAUCOUP LA NUIT.
HA HA...
FAUT BIEN QU'ON S'OCCUPE...
NON... JE NE PARLAIS PAS DE ÇA !!
EN FAIT... YURA A DU MAL À TOUVER LE SOMMEIL EN DEHORS DE CHEZ ELLE.
JE N'AI POURTANT JAMAIS EU DE PROBLÈME D'INSOMNIE...

JE SENS QUE NOUS ALLONS PASSER UNE BELLE JOURNÉE EN AMOUREUX !
POUR COMMEN-CER... NOS AMOUREUX PRENNENT LE TÉLÉ-PHÉRIQUE.
QUI LES DÉPOSE AU JARDIN DES PLANTES.
COMME ÇA SENT BON !
VIENS, ALLONS VOIR LA SERRE !
ZUT ! ÇA ME FAIT PENSER QU'IL N'Y A PERSONNE POUR S'OCCUPER DE MES PLANTES, À LA MAISON !
EN EFFET, ELLE A QUELQUES PLANTES SUR SON BALCON.
POURVU QU'ELLES NE MEURENT PAS...
ELLES VONT AVOIR SOIF.
YURA NE VA TOUT DE MÊME PAS ABRÉGER SON SÉJOUR À CAUSE DE SES PLANTES ?
?

C'EST LE QUARTIER CHINOIS DE LA VILLE OÙ L'ON TROUVE DE TRÈS BONS RESTAURANTS, AINSI QUE TOUTES SORTES DE BOUTIQUES.
NANKINMACHI
......
ÇA COMMENCE À ME LASSER DE MANGER AU RESTAURANT, TOUS LES JOURS.
?
?
PFOUU...
ELLE A DE PLUS EN PLUS ENVIE DE RENTRER.
J'AIMERAIS TELLEMENT LUI PRÉPARER DE BONS PETITS PLATS.
HUMPF

LE MUSÉE KITANO...
ON DIRAIT QU'IL Y A QUELQUE CHOSE QUI TE TRACASSE, YURA...
EUH...
NON... JE T'ASSURE, TOUT VA BIEN.
N'ESSAIE PAS DE ME CACHER LA VÉRITÉ.
EST-CE QUE J'AI ÉTÉ TROP RAPIDE LORS DES PRÉLIMINAIRES, HIER SOIR ?
NON, PAS DU TOUT.
MON PASSAGE À LA POSITION DU MISSIONNAIRE ÉTAIT UN PEU MALADROIT... JE VEUX BIEN L'AVOUER...
GROSSE RÉFLEXION
NON... CELA N'A ABSOLUMENT RIEN À VOIR AVEC ÇA !!

QUOI ? TU VEUX RENTRER ?
TU NE VEUX PLUS RESTER AVEC MOI ?
BOUH
QUE VAS-TU T'IMAGINER ?
AU CONTRAIRE, JE SUIS PLUTÔT TRISTE DE DEVOIR TE QUITTER.
MAIS...
QUAND JE PENSE AUX POUBELLES, AU RÉFRIGÉRATEUR QUE JE N'AI PAS VIDÉ, À LA LESSIVE QUI ME RESTE À FAIRE...
CE N'EST PAS FACILE DE S'OCCUPER D'UN FOYER !
AH, D'ACCORD !
TU AS RAISON, ÇA NOUS COÛTE CHER, TOUTES CES SORTIES...
STRICT
JE TE DEMANDE PARDON...
TU N'AS PAS À T'EXCUSER.

JE VAIS DONC ME RETROUVER TOUT SEUL...
POUF
TU SAIS...
JE MEURS D'ENVIE DE RESTER AVEC TOI.
SNIF...
YURA...
JE NE PENSAIS PAS QUE...
YURA SERAIT AUSSI TRISTE DE ME QUITTER...

Gnnn
NE T'EN FAIS PAS POUR MOI...
MAIS...
EN PRINCIPE, J'AURAIS DÛ PARTIR TOUT SEUL... IL N'ÉTAIT PAS PRÉVU QUE TU VIENNES AVEC MOI.
IL NE RESTE PLUS QUE 10 JOURS.
ÇA PASSERA VITE.
MAKOTO...
J'AI BEAUCOUP APPRÉCIÉ CE SÉJOUR.
MERCI, YURA.
SOURIRE

SNIF
MOI AUSSI...
BOU-HOU...
NE PLEURE PAS YURA !
JR 三ノ宮駅
YURA A DU MAL À ACCEPTER SA DÉCISION.
Humpf
TON TRAIN VA BIENTÔT PARTIR.
ET SI JE RESTAIS ?
HA HA...
FROUSH
JE PENSERAI TRÈS FORT À TOI !

ZYEUT
ZYEUT
?
MAKOTO !
QUOI ?
!
SST
Gloups

OH... EXCUSE-MOI...
YU... YURA ?
BOBOM
BOBOM
BOBOM
À BIENTÔT ! ♡
TULULU !
MAKOTO ! ♡
JUSQU'À PRÉSENT, YURA N'AVAIT JAMAIS OSÉ M'EMBRASSER EN PUBLIC...
ET DIRE QUE...
GOTAOM
GATAM
GOTOM
GATAM
JE VAIS DEVOIR FAIRE APPEL AUX BONNES VIEILLES MÉTHODES POUR ASSOUVIR MES ENVIES...
PENSÉE TRÈS PRIMAIRE ET SINCÈRE. (HI HI)

QUELQUES JOURS PLUS TARD...
PFOU...
IL ME MANQUE DÉJÀ...
PFUUU...
LES NUAGES FLOTTANT DANS LE CIEL BLEU AZUR, TRANSPORTENT DANS LEUR DOUCE OUATE MES PENSÉES LES PLUS TENDRES POUR MON BIEN-AIMÉ.
PFUUU
SI SEULEMENT LES NUAGES POUVAIENT TRANSMETTRE SES PENSÉES JUSQU'À MAKOTO... C'EST CE QUE YURA SE DIT, TOUS LES JOURS.

JE SUIS RENTRÉ ! ☆
COMME C'ÉTAIT LONG !
YURA, JE SUIS LÀ !
COUCOU
Tchak
BONSOIR, MAKOTO ! ♡♡

REGARDE, J'AI RÉUSSI À SAUVER TOUTES MES PLANTES.
HÉ HÉ...
TES PETITS PLATS COMMENÇAIENT À ME MANQUER. ♡
C'EST UN VRAI FESTIN ! ♡
SMACK ♥
MAKOTO !
YURA !
COMME JE LES COMPRENDS !
C'EST BON DE SE RETROUVER. ♡
GROS CÂLIN

TODOM
TODOM
MAKOTO... ♡
ÇA FAISAIT UN BAIL QU'ON N'AVAIT PAS FAIT L'AMOUR DANS NOTRE LIT.
C'EST VRAI.
MMH...
HAN
Slurp
Slurp
Slurp
AH... AH...
HAN
HAN

HAN
AH !
STITCH
AH...
AH...
MAKOTO ! ♡
AH...
AH...
SBROF
SBROF
Florf
HAN
Florf
SPOC
SPOC
AAAH... FOUAAAAAAH !
Florf
HAN

OUIIIIIII !!
HAN
HAN
SPOF
SPOF
TCHOF
J'Y VAIS...
OUI... VIENS...
FLORF
FLORF
TCHOF
SBROF
HAN !
HAN HAN
FLITCH

FONDER UNE FAMILLE CONSTITUE L'ESSENTIEL POUR UN COUPLE MARIÉ. ET LE NID D'AMOUR PERMETTRA D'AFFRONTER LES MOMENTS DIFFICILES.

SOURCE : VINGTAINE JUIN 2000.

CHAPITRE 143 : JE T'ATTENDRAI À LA MAISON... ♡ – FIN

CHAPITRE 144
YAMADA EST MAL EN POINT

YURA SE SENT OBLIGÉE DE FAIRE LA MORALE À SA SŒUR, DE TEMPS EN TEMPS.
CE N'EST PAS TRÈS RAISONNABLE D'AVOIR PLUSIEURS PARTENAIRES...
ÉCOUTE, RIKA...
TU TE PROTÈGES, AU MOINS ?
CELA ME PERMET DE ME CHANGER LES IDÉES, IL N'Y A PAS DE MAL À ÇA.
TU NE VAS PAS REMETTRE ÇA SUR LE TAPIS ?
TU SAIS QUE TU PEUX ATTRAPER DES MALADIES ?
NE T'INQUIÈTE PAS POUR ÇA.
J'ESPÈRE QU'IL NE M'A PAS REFILÉ UNE SALOPERIE...
TU AS RAISON... JE DEVRAIS PEUT-ÊTRE ME MÉFIER DE CE COUREUR DE JUPONS DE YAMADA...
DES MALADIES ?

JUSTEMENT, PARLONS UN PEU DE YAMADA.
JE SENS QUE JE VAIS ENCORE M'ENVOYER EN L'AIR TOUTE LA JOURNÉE !
ARGH !!
TOI-LETTES
MAIS... QUELLE HOR-REUR... C'EST VACHEMENT ENFLÉ !
J'AI PEUT-ÊTRE CHOPÉ UNE...
UNE MALADIE !?
C'EST PAS VRAI...
JE N'AI MÊME PAS LES MOYENS DE ME PAYER UNE CONSULTATION CHEZ LE MÉDECIN.
OH NON ! JE NE VAIS PLUS POU-VOIR BAISER !!
C'EST UN CAUCHEMAR !
IL FERAIT MIEUX DE S'INQUIÉ-TER POUR SA SANTÉ !

LES MALADIES
LES MST (MALADIES SEXUELLEMENT TRANSMISSIBLES) SONT DES MALADIES INFECTIEUSES PROVOQUÉES PAR DES BACTÉRIES, DES VIRUS, DES CHAMPIGNONS OU DES PARASITES. ELLES SE MANIFESTENT PAR UNE INFECTION DES ORGANES GÉNITAUX OU UNE INFECTION GÉNÉRALISÉE. LE SIDA EN FAIT PARTI. MALHEUREUSEMENT, 46 % DES JEUNES DISENT NE PAS SE SENTIR CONCERNÉS. IL EST URGENT DE LEUR FAIRE PRENDRE CONSCIENCE DES DANGERS QU'ILS ENCOURENT !
SOURCE : JOURNAL MAINICHI, 25 NOVEMBRE 2001.
YAMADA DONNE DES COURS DE SOUTIEN À YUKARI CHATANI QUI EST AUSSI UNE DE SES MAÎTRESSES.
PFFF...
Scritch
Scritch
J'AI FINI !
HEIN ?
ET MAINTENANT, UN PEU DE BIO ! IL FAUT EN PROFITER, MAMAN N'EST PAS LÀ.
FWIïF
EUH... NON, CE N'EST PAS POSSIBLE !!
HEIN ? MAIS ENFIN, D'HABITUDE TU ES TOUJOURS PARTANT...

POUR UNE FOIS QUE C'EST MOI QUI TE LE PROPOSE !
Hum
SLIP
YAMADA ! ♡
NON... ARRÊTE !! JE SUIS DÉSOLÉ, MAIS AUJOURD'HUI CE N'EST PAS POSSIBLE !!
BON... JE DOIS RENTRER.
TU ES CRUEL !
株式会社
タカギ画材店
PFIOU ! UN PEU PLUS ET JE CRAQUAIS.
HEY, BEAU GOSSE !
HEIN ?

TU VIENS T'AMUSER AVEC NOUS ?
ELLES... ELLES ME DRAGUENT !?
ÇA... ÇA NE M'ÉTAIT JAMAIS ARRIVÉ.
ARGH !
QUOI !? TU OSES REFUSER NOTRE INVITATION !?
NON, EUH... PAS AUJOURD'HUI, J'SUIS EN PETITE FORME !
PAUVRE YAMADA.
RHAAA !! J'AI VRAIMENT PAS DE BOL !!
PAUV' NAZE !!
CIAO !!
STAP

居酒屋
BAR
居酒屋
居酒屋 立花
J'AI ENVIE DE SEXE, DE SEXE, DE SEXE !!
SI SEULEMENT JE POUVAIS ME DÉBARRASSER DE CETTE SALOPERIE...
INQUIET ?!
GRMLB
EN FAIT... JE NE RÉCOLTE PEUT-ÊTRE QUE CE QUE JE MÉRITE !?
ÇA, C'EST POSSIBLE.
OH !
ALLONS BON, ME VOILÀ DEVANT CHEZ RIKA.

ON DIRAIT QUE MON INSTINCT ME GUIDE VERS ELLE À CHAQUE FOIS QUE J'AI DES ENVIES PRESSANTES.
MAIS C'EST FICHU POUR AUJOURD'HUI...
QU'EST-CE QUE TU FICHES LÀ, ALORS ?
Ding Dong
SALUT, YAMADA !
SALUT, J'PASSAIS DANS LE COIN...
ENTRE ! MA SŒUR EST LÀ, VIENS TE JOINDRE À NOUS !
BONJOUR !
AAARGH !!
C'EST PAS COOL !! ÇA VA ENCORE ME DONNER DES IDÉES !!
TSAM
LAISSE TOMBER ! TU N'AS AUCUNE CHANCE AVEC YURA !!
MON MARI DOIT RENTRER TARD, CE SOIR, ALORS J'EN PROFITE POUR VOIR MA SŒUR...
ON ALLAIT JUSTEMENT BOIRE UN VERRE.
HA HA...
C'EST LA FÊTE ! ☆

VOUS TENEZ BIEN L'ALCOOL ?
OH NON... PAS TELLE-MENT.
QUAND JE SUIS IVRE, JE SUIS INCAPABLE DE ME SOUVENIR DE QUOI QUE CE SOIT.
YAMADA CHÉRI ! VIENS ME FAIRE L'AMOUR ! ♡
HMM
SUPER ! ELLE EST SAOULE ! ♡ ♡
WHAOUH... ♡
ALLEZ, ENCORE UN PETIT VERRE ! ♡♡♡
EUH... DOUCE-MENT !
ARRÊTE TES ÂNE-RIES !
GLOU GLOU
ZUT ! J'OUBLIAIS QUE JE NE PEUX PAS AVOIR DE RAP-PORTS SEXUELS POUR L'INSTANT !!
ARRÊTE DE RÊVER, YURA N'EST PAS POUR TOI !!

HÉ, YAMADA ! ÇA TE DIRAIT DE PASSER UNE NUIT TORRIDE !?
HÉ HÉ...
HIC
QUOI ?
GLOUPS !
RIKA !?
OUI ?
HÉ HÉ
TU NE DEVRAIS PAS DIRE DES CHOSES PAREIL-LES DEVANT TA SŒUR !
FAUT L'EXCUSER... SON APPÉTIT SEXUEL EST INSATIABLE, CETTE FILLE A VRAIMENT LE VICE DANS LE SANG.
HA HA HA
POF
C'EST TOI, LE VICIEUX, ICI !!
GRRR
BOIS ET TAIS-TOI !!
CHAUD DE LA PINCE !!
GLOU GLOU
NE M'INSULTE PAS !!
QUELQUES VERRES PLUS TARD...
AÏE AÏE...
RZZ ZZ

MMH... JE...
PFOUAH
ÇA VA ?
VOUS AVEZ TROP BU ?
MMH... ☆
WHAA !!
FWOF
SST
QUE... QUE FAITES-VOUS ?
MAKOTO... FAIS-MOI L'AMOUR ! ♡
GNNN
PTUM
ELLE ME PREND POUR SON MARI !! ♡

OUIII !
FAISONS L'AMOUR ! ♡
FWOUF
SWIP
OH...
PRENDS-MOI SAUVAGEMENT ! ♡
TODOM
TODOM
TODOM
TODOM
FLAP
MAKO-TO... ♡
OH, MADAME YURA !
OUI ! LE PIED ! ♡
HMM
SVOUF

oui...
SPLITCH
FLOUTCH
ÇA Y EST, J'Y SUIS.
FLORF
FLORF
HMM... C'EST UN HONNEUR DE FAIRE ÇA AVEC VOUS !
FLORF
FLORF
HAN
HAN ! HAN !
HAN
HEIN ?
TCHOF
TCHOF

JE VAIS TE VIOLER, YAMADA !
HÉ HÉ...
FWOF
FWOF
QU'EST-CE QUE TU FAIS LÀ ? OÙ EST TA SŒUR ?
ÇA FAIT UN MOMENT QU'ELLE EST PARTIE !
AH BON... ALORS CE N'ÉTAIT DONC QU'UN RÊVE !
ÉVIDEMMENT, ABRUTI.
NON ! ATTENDS !!
EUH... IL FAUT QUE JE DISE UN TRUC, RIKA...
AH ! ☆
OUIII
QUOI ?
Plotch
Plotch
FLORTCH
HEIN... QU'EST-CE QUE TU DIS ?

QUELQUES JOURS PLUS TARD...
QUOI ? YAMADA A CHOPÉ UNE SALOPERIE ?
OUI, MAIS D'APRÈS LES ANALYSES, IL N'Y AURAIT RIEN DE GRAVE...
IL S'AGIRAIT SEULEMENT D'UNE INFECTION DUE À UN PETIT MANQUE D'HYGIÈNE.
C'EST POSSIBLE, ÇA ?
EN TOUT CAS, IL NOUS A FAIT UNE SACRÉE PEUR !
ET PENDANT CE TEMPS...
TU SUBIRAS MON CHÂTIMENT PENDANT TROIS JOURS POUR M'AVOIR FAIT PEUR !
ESPÉRONS QUE CELA LUI SERVIRA DE LEÇON !!
GRMLB !!
VMM

LES MALADIES ET INFECTIONS SEXUELLEMENT TRANSMISSIBLES (MST ET IST)

LES CHAMPIGNONS ET LES PARASITES :

1 - TRICHOMONAS : AFFECTION COURANTE PROVOQUÉE PAR UN PARASITE QUI SE TRANSMET LE PLUS SOUVENT PAR CONTACT SEXUEL. CHEZ LA FEMME, CELA SE TRADUIT FRÉQUEMMENT PAR UNE VAGINITE À LAQUELLE SONT SOUVENT ASSOCIÉS DES PROBLÈMES URINAIRES.

2 - CANDIDA : C'EST UN CHAMPIGNON DONT CERTAINS SONT RESPONSABLES D'AFFECTIONS APPELÉES CANDIDOSES (LE PLUS SOUVENT AU NIVEAU DE LA BOUCHE ET DU VAGIN). CETTE INFECTION EST FRÉQUENTE CHEZ LA FEMME. CHEZ L'HOMME, LA MALADIE SE MANIFESTE PAR UNE INFLAMMATION AVEC DES DÉMANGEAISONS AU NIVEAU DU GLAND ET DU PRÉPUCE. CHEZ LA FEMME, IL S'AGIT D'UNE INFECTION DE LA VULVE ET DU VAGIN PROVOQUANT DES DÉMANGEAISONS ET DES DOULEURS LORS DES RAPPORTS SEXUELS.

3 - MORPIONS : CE SONT DES PARASITES QUI S'ACCROCHENT AUX POILS PUBIENS. LA CONTAMINATION SE FAIT LE PLUS SOUVENT LORS DES RAPPORTS SEXUELS. ILS SONT RESPONSABLES DE LÉSIONS CUTANÉES. ILS PEUVENT SE NICHER DANS LES DRAPS, LES VÊTEMENTS. POUR LES TRAITER, ON UTILISE DU PYRÉTHRINOÏDE DE SYNTHÈSE.

LES BACTÉRIES ET LES VIRUS :

1 - BLENNORRAGIE : IL S'AGIT D'UNE INFECTION DUE À UNE BACTÉRIE. CHEZ L'HOMME, ELLE SE MANIFESTE PAR UNE INFLAMMATION DE L'URÈTRE CAUSANT DES BRÛLURES À LA MICTION ET UN ÉCOULEMENT PURULENT JAUNÂTRE. CHEZ LA FEMME, L'INFECTION EST ASYMPTOMATIQUE, FAVORISANT AINSI LA TRANSMISSION. ELLE PEUT ÉGALEMENT SE TRANSMETTRE PAR VOIE ORALE. ON LA TRAITE AVEC DE LA PÉNICILLINE MAIS LE RÉSULTAT EST PEU SATISFAISANT.

2 - CLAMYDIOSES : ELLES SE TRADUISENT CHEZ L'HOMME PAR DES PICOTEMENTS À LA MICTION, DES DOULEURS AU BAS-VENTRE. ELLE PROVOQUE DES ÉCOULEMENTS DE PUS DE LA VERGE. CHEZ LA FEMME, LA MALADIE EST SOUVENT ASYMPTOMATIQUE. SEULS LES ANTIBIOTIQUES PEUVENT VENIR À BOUT DE CETTE MALADIE.

3 - SYPHILIS : C'EST UNE INFECTION BACTÉRIENNE QUI SE TRADUIT PAR L'APPARITION D'UN CHANCRE AU NIVEAU DES MUQUEUSES GÉNITALES, ANNALES OU BUCCALES. LA MALADIE EST EXTRÊMEMENT CONTAGIEUSE. ELLE EST FACILEMENT TRAITABLE À L'AIDE D'UNE SEULE INJECTION DE PÉNICILLINE MAIS LES PREMIERS SYMPTÔMES SONT DIFFICILEMENT REPÉRABLES.

4 - CONDYLOMES : EXCROISSANCE RESSEMBLANT À DES VERRUES SUR LES ORGANES GÉNITAUX OU L'ANUS. PARFOIS NON VISIBLE À L'ŒIL NU. LA TRANSMISSION SE FAIT PAR VOIE SEXUELLE. AFIN D'ÉVITER DE LE CONTRACTER, UNE BONNE HYGIÈNE EST NÉCESSAIRE.

5 - <u>HÉPATITE B :</u> ELLE EST DUE À UN VIRUS QUI PROVOQUE DES LÉSIONS INFLAMMATOIRES DU FOIE. LA CONTAMINATION SE FAIT SURTOUT PAR VOIE SEXUELLE, MAIS ÉGALEMENT PAR VOIE SANGUINE.

6 - <u>HERPÈS GÉNITAL :</u> AUCUN SYMPTÔME APPARENT, SAUF LORS DES CRISES. APPARAÎSSENT ALORS DES DÉMANGEAISONS, DES BRÛLURES, DES PETITES CLOQUES OU DES PLAIES SUR LES ORGANES GÉNITAUX. LE VIRUS EST INSTALLÉ À VIE DANS L'ORGANISME. IL FAUT PRENDRE DES ANTIVIRAUX POUR DIMINUER LA CONTAGIOSITÉ ET LA FRÉQUENCE DES CRISES.

7 - <u>LE SIDA :</u> IL EST DÛ À UN VIRUS (LE VIH, VIRUS D'IMMUNODÉFICIENCE HUMAINE OU HIV EN ANGLAIS, HUMAN IMMUNODEFICIENCY VIRUS) QUI SE TRANSMET UNIQUEMENT PAR VOIE SANGUINE OU SEXUELLE*. S'IL NE PEUT EN AUCUN CAS SE TRANSMETTRE PAR LA SALIVE, VOUS DEVEZ NÉANMOINS FAIRE ATTENTION À NE PAS UTILISER LA MÊME BROSSE À DENTS OU LE MÊME RASOIR QUE LA PERSONNE PORTEUSE DU VIRUS**. SACHEZ ENFIN QUE VOUS POUVEZ ÊTRE PORTEUR DU VIRUS SANS PRÉSENTER LE MOINDRE SYMPTÔME, MAIS IL SUFFIT QUE VOUS TOMBIEZ MALADE POUR QUE LE VIRUS SOIT ACTIVÉ ET QU'IL EMPÊCHE VOTRE SYSTÈME IMMUNITAIRE DE RÉAGIR, AGGRAVANT AINSI VOTRE MALADIE ET LAISSANT LA PORTE OUVERTE À DE NOMBREUSES AUTRES...

LES JEUNES NE PRENNENT PAS ASSEZ CETTE MALADIE AU SÉRIEUX ET SONT DE PLUS EN PLUS TOUCHÉS PAR CE VIRUS. LA SEULE CHOSE À FAIRE POUR SE PROTÉGER DE CETTE MALADIE EST D'UTILISER DES PRÉSERVATIFS À CHAQUE RAPPORT SEXUEL. DONC SI VOUS VOULEZ AVOIR UNE VIE SEXUELLE HEUREUSE, SUIVEZ BIEN CE CONSEIL : METTEZ DES CAPOTES !!

SOURCE : JOURNAL MAINICHI AVRIL 2001.
LE LIVRE DE LA FEMME ÉDITIONS : LA VIE QUOTIDIENNE AU FÉMININ.

* C'EST-À-DIRE TOUTE FORME DE RAPPORT SEXUEL QUI IMPLIQUE UNE PÉNÉTRATION, Y COMPRIS LA SODOMIE OU LES RAPPORTS BUCCO-GÉNITAUX (FELLATION, CUNNILINGUS).
** LES GENCIVES PEUVENT EN EFFET SAIGNER LORSQU'ON SE BROSSE LES DENTS ET L'ON PEUT SE COUPER EN SE RASANT.

STEP UP
Love Story
KATSU AKI
CHAPITRE 145 ♪♪
SEXERCICE
AVEC MIYUKI

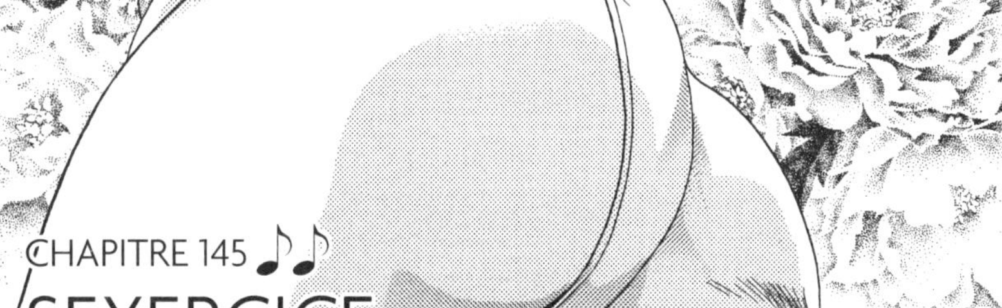
DIS-MOI, MIYUKI...
TU N'AURAIS PAS GROSSI ?
GLOUPS

TERRASSÉE PAR LES PLATS EN SAUCE
C'EST VRAI... J'AI COMME UN PETIT BOURRELET...
PWOF
JUSTE LÀ...
ALISSA EST LESBIENNE...
PARCE QUE JE N'AI PAS ENVIE QUE MA BIEN-AIMÉE SE LAISSE ALLER.
POUR-QUOI TU DIS ÇA ?
LAISSE MON CORPS TRANQUILLE !!
FROF
TU DOIS PRENDRE SOIN DE CE CORPS, SI TU VEUX LE PARTAGER. ♡
FROF
Accueil
IL EST HORS DE QUESTION QUE JE ME LAISSE ALLER...
HUM...
POUR RETROUVER LA LIGNE, MIYUKI A DÉCIDÉ DE S'INSCRIRE DANS UN CLUB DE GYM.
CLUB D'AÉROBIC

MIYUKI !? ☆
MADAME ONODA... ? VOUS ICI ?
BON-JOUR...
YURA EST MEMBRE DU CLUB.
TU ES DÉJÀ VENUE ?
NON !
UN MONITEUR VA T'EXPLIQUER COMMENT UTILISER LES MACHINES DE MUSCULATION.
LA SALLE DE MUSCU-LATION.

PFU...
PFU...
VRZZ
VRZZ
UN ENGIN DE TORTURE, CE TRUC.
OH HISSE !☆
HUMPF
ELLE A UNE TAILLE DE GUÊPE...
UNE POITRINE OPULENTE...
HUMPF

VOUS AVEZ UN CORPS MAGNIFI-QUE...
POURQUOI VOULEZ-VOUS PERDRE DU POIDS ? VOUS N'EN AVEZ PAS BESOIN...
HEIN ?
HMM
HMM
EUH... C'EST À MOI QUE TU PARLES ?
OUI !
ÉVIDEM-MENT, IL N'Y A PERSONNE D'AUTRE !!
EH BIEN... PARCE QUE JE DOIS PRENDRE SOIN DE MON CORPS ET FAIRE ATTENTION À MA LIGNE...
VRAIMENT ?
PLWOF
Plott
EH !!
NON, C'EST PARCE QU'ELLE DOIT AVOIR DES PECTORAUX EN BÉTON POUR MAIN-TENIR CETTE BELLE POITRINE !
KYOKO, ARRÊTE !!
....

JE VOUS CONNAIS...
ON S'EST VUES À NOËL...
OUI... JE SUIS LA COUSINE DE MAKOTO.
JE ME SUIS INSCRITE IL N'Y A PAS LONGTEMPS.
JE PARIE QUE C'EST TON COPAIN QUI VEUT QUE TU ENTRETIENNES TON CORPS.
EUH... NON.
AH BON... POURTANT LES HOMMES ONT TOUJOURS AIMÉ LES FILLES BIEN ROULÉES.
TOUS LES MÊMES !
ELLE EST MIEUX FOUTUE QUE MOI, CELLE-LÀ.
HA HA...
C'EST VRAIMENT UNE BELLE FEMME !
HA HA...
SILENCE PESANT
JE SUIS SÛRE QU'ELLE A UN PETIT AMI...
LA VEINARDE !
HUM
ELLES SONT CÉLIBATAIRES TOUTES LES DEUX.
?

UNE, DEUX...
UNE, DEUX...
HOP
HAN... HAN...
HOP
J'AIMERAIS BIEN SAVOIR COMMENT ELLE FAIT POUR ÊTRE TOUJOURS AUSSI JOLIE...
C'EST PEUT-ÊTRE LE SEXE, IL PARAÎT QUE ÇA CONSERVE.
HEIN ?!
J'AI DIT QUELQUE CHOSE QU'IL NE FALLAIT PAS ?
SI C'EST VRAI, JE SUIS MAL BARRÉE...
GRMBL
NON... TOI AUSSI !?
HEIN ?
NON, NON, RIEN...
EH OUI, ELLES SONT VIERGES TOUTES LES DEUX... (HI HI)
?

DANS LES DOUCHES...
FROTT
EXCUSEZ-MOI, MADAME YURA...
AH !
OUI, QUE VEUX-TU ?
EST-CE VRAI QUE LE SEXE EMBELLIT UNE FEMME ?

QUAND ON A UNE VIE SEXUELLE ÉPANOUIE, C'EST BON AUSSI POUR LE MORAL... LES FEMMES POUR QUI C'EST LE CAS SONT DE TOUTE ÉVIDENCE BEAUCOUP PLUS ÉPANOUIES.

DE NOS JOURS, ON PEUT COMBINER LE SPORT ET LE SEXE...
C'EST UN MOYEN AUSSI EFFICACE QU'AGRÉABLE POUR GARDER LA FORME ET ÉVITER LES RÉGIMES DRACONIENS.
CELA S'APPELLE LE SEXERCICE ! ☆☆
OUAIS... ENFIN, ENCORE FAUT-IL S'INTÉRESSER AU SEXE...
VAS-Y, EXPLIQUE !
QUEL ENTHOUSIASME ! (HI HI)
COMME TOUJOURS, LES PRÉLIMINAIRES SONT TRÈS IMPORTANTS.
EN 1, IL FAUT FAIRE TRAVAILLER LES MUSCLES ABDOMINAUX LATÉRAUX QUI NOUS PERMETTENT DE GARDER UNE TAILLE DE GUÊPE.
HO HISSE ! ☆
HOP
HOP
DE TOUTE ÉVIDENCE, ELLE FANTASME TOUJOURS SUR MAKOTO.
TODOM TODOM
EN 2, LE DÉVELOPPÉ COUCHÉ PERMET DE FAIRE TRAVAILLER LES MUSCLES PECTORAUX AFIN DE RENFORCER LE MAINTIEN DE LA POITRINE.
HOP
HOP
HUMPF...

ATTENTION, APRÈS CES EXERCICES, IL NE FAUT PAS OUBLIER LES ÉTIREMENTS...
CELA S'APPELLE LE SEXTRETCH.
ÉTIREMENT DES BICEPS ET DES TRICEPS.
GNN
GNN
ÉTIREMENT DU GRAND DORSAL.
HOP
HOP
HMM...
SANS OUBLIER LE GRAND FESSIER.
GNN
GNN
JE NE VOIS PAS CE QUE CES EXERCICES ONT DE SEXUELLEMENT EXCITANT...

APRÈS CES ÉCHAUFFEMENTS, VOUS POUVEZ PASSER À LA SUITE.
LA... SUITE !?
MIYUKI !
FLOTCH
AAA AH !!
Han
FLORF
FLORF
M... MAKOTO !
HAN ! HAN !
HAN
FLORF
HAN
FLORF
AAH !
AH... VU SOUS CET ANGLE...
TODOM
TODOM

MI... MIYUKI !! JE VIENS...
FLORF
FLORF
OUIIIIIII... MAKOTO ! ♡
MAIS... JE... JE DÉBLOQUE !!
TODOM TODOM
JE DOIS ME RESSAISIR ! LE SEXE NE M'INTÉRESSE PAS... LE SEXE NE M'INTÉRESSE PAS... LE...
TODOM TODOM
OH !
HAN
AH !
FLITCH
Tchof
FLOF
FLOF
HAN
HAN
HÉ !
POF
AAA AH !
GLOUPS

DONC... APRÈS L'EFFORT, LE RÉCONFORT... AFIN DE SE DÉTENDRE, QUELQUES MASSAGES SONT LES BIENVENUS.
JE VOIS...
ÇA VA, TU N'AS PAS L'AIR BIEN ?
EUH... NON... NON...
C'EST BIEN BEAU TOUT ÇA, MAIS...
ENCORE FAUT-IL AVOIR UN PARTENAIRE !
PFFFF... ☆
COMME J'AIMERAIS CONNAÎTRE ÇA ♡ !
PFFFF...
DITES... VOUS ALLEZ RESTER NUES ENCORE LONG-TEMPS ?
HEIN ?
QU'EST-CE QU'ON SE SENT BIEN !
OUI !
Accueil

SALUT, YURA ! JE SUIS VENU TE CHERCHER ! ♡
MAKOTO ! ♡
M... MAKOTO ?
TODOM
MIYUKI !? TOI AUSSI, TU ES MEMBRE ?
FAUT QUE J'ARRÊTE DE FANTASMER, MOI...
HUM
EH ! TU POURRAIS ME DIRE BONJOUR !!
POURQUOI DE BELLES FILLES COMME VOUS SE SENTENT-ELLES OBLIGÉES DE FAIRE DU SPORT ?
BELLES... NOUS !?
MALIN, CE MAKOTO, IL SAIT BIEN QU'UN COMPLIMENT FAIT TOUJOURS PLAISIR !
MLLE KYOKO ! ♡♡
VOUF
JE SUIS VENU VOUS CHERCHER. ♡

GLOUPS !
MATSUZAKI !?
QU'EST-CE QUE TU FAIS ICI ?
C'EST UN VRAI POT DE COLLE, CE P'TIT GARS !
SBAF
AÏE !
JE... JE N'ARRÊTE PAS DE PENSER À VOUS !!
ON N'EN RENCONTRE PLUS BEAUCOUP DES COMME LUI !
ALLEZ, SALUT TOUT LE MONDE ! ☆
HÉ... ATTENDEZ-MOI !!
TU CROIS QUE ÇA POURRAIT MARCHER ENTRE EUX ?
JE NE SAIS PAS...
J'EN DOUTE...
AVANCE, CRÉTIN !!
Baf
AÏE !

NOUS AUSSI, ON RENTRE...
À BIENTÔT, MIYUKI.
ELLE A UN TRÈS JOLI SOURIRE.
J'Y PENSE... CE SOURIRE SEMBLAIT S'ADRESSER À SON MARI...
C'EST VRAI... UNE FEMME AMOUREUSE PARAÎT PLUS JOYEUSE...
YURA EN EST LA PREUVE !

QUAND UNE FEMME EST AMOUREUSE, ELLE PREND BEAUCOUP PLUS SOIN DE SON APPARENCE... CE QUI LUI DONNE ENCORE PLUS DE CHARME.
JE DEVRAIS VRAIMENT SONGER À ME TROUVER QUELQU'UN...
Fitness Club
MIYUKIIII ! ♡
HEIN ?
TODOM
JE SUIS VENUE TE CHERCHER ! ♡
SALUT !
ALISSA !!
LA NUIT NOUS APPARTIENT, MA BELLE !
ON VA À L'HÔTEL ?
NON, JE...
MIYUKI N'EST PAS PRÊTE DE TROUVER L'ÂME SŒUR ! (HI HI)

STEP UP
Love Story
KATSU AKI
CHAPITRE 146
MAKOTO, L'HOMME INVISIBLE
C'EST VRAI ?
TU NE TRAVAILLES PAS DEMAIN !?

CE N'ÉTAIT PAS DU TOUT PRÉVU. ♡
JE SUIS CONTENTE. ♡
COMMENT VA-T-ON ORGANISER NOTRE JOURNÉE ?
D'HABITUDE, ON VA TOUJOURS SE PROMENER...
ET SI ON RESTAIT TRANQUILLEMENT À LA MAISON, SANS RIEN FAIRE... HISTOIRE DE CHANGER UN PEU ?
COMMENT ÇA ?
EH BIEN... TU TE CONTENTERAIS SIMPLEMENT DE FAIRE CE QUE TU AVAIS PRÉVU...
ET MOI, JE T'OBSERVERAIS.
?
DISONS QUE... CE SERAIT UN PEU COMME SI J'ÉTAIS L'HOMME INVISIBLE ! ☆
....
IL FAUT TOUJOURS QU'IL AIT DES IDÉES TORDUES.

LE LENDE-MAIN...
C'ÉTAIT DÉLICIEUX !
HI HI... ♡
ATTENTION, JE ME TRANSFORME EN HOMME INVISIBLE ! ♡
ZOUM ZOUM... ☆
?
BEN ALORS...
SI JE SUIS INVISIBLE...
TU DOIS AVOIR L'IMPRESSION QUE LA TASSE FLOTTE DANS LES AIRS.
EUH...
ALORS, TU DOIS DIRE...
AU SECOURS, LA TASSE FLOTTE DANS LES AIRS !!
À L'AIDE ! ♥
DAVID COPERFIELD PEUT SE FAIRE DU SOUCI !

♫
ÉCOUTE !
NON, NE ME REGARDE PAS ! TU N'ES PAS CENSÉE ME VOIR.
JE T'AVAIS DIT QU'AUJOURD'HUI JE DEVAIS T'OBSERVER...
HI HI...
EN PLEINE OBSERVATION.
Vrooo
FAIS COMME SI JE N'ÉTAIS PAS LÀ.
QUEL IDIOT !
FACILE À DIRE...
MAINTENANT, JE SAURAI ME SERVIR D'UN BALAI MÉCANIQUE.
C'EST TRÈS GÊNANT D'ÊTRE OBSERVÉE...
TU SAIS !?

?
MAIS... QU'EST-CE QUE TU FAIS ?
HEIN ?
POUR RENDRE MON INVISIBILITÉ PLUS CRÉDIBLE, JE DOIS ÔTER MES VÊTEMENTS.
SINON, ON POURRAIT CROIRE QU'ILS FLOTTENT DANS LES AIRS.
RHABILLE-TOI IMMÉDIATEMENT !!
TU EXAGÈRES !
PFFF...
♪
J'AI VRAIMENT HORREUR QU'ON ME REGARDE AINSI.
JE POURRAIS LA REGARDER DES JOURNÉES ENTIÈRES.

SI JE REGARDAIS UNE INCONNUE COMME ÇA, CELA FAIT LONGTEMPS QU'ELLE M'AURAIT GIFLÉ !
SI SEULEMENT JE POUVAIS PASSER TOUTE UNE JOURNÉE À L'ADMIRER...
QU'EST-CE QUE JE SERAIS HEUREUX !
QUEL SIMPLET. ☆
FIWOF
WHA !
HMM... ÇA BALLOTE !
HUMPF !
OUI ! ENCORE !!
FIWOF
NGUN
ÉCOUTE...
HAAA
NON ! FAIS COMME SI JE N'ÉTAIS PAS LÀ !

Gasp
Gasp
......
J'TE TIENS !
AH !
ÇA, C'ÉTAIT COURU D'AVANCE.
HÉ HÉ...
MAKOTO, TU N'ES PAS SÉRIEUX !!
Plott
ARRÊTE !
PAF
AÏE !
TU AURAIS DÛ DIRE...
MAIS, QU'EST-CE QUI M'ARRIVE ? UN FANTÔME ?
UN SPECTRE ?
ÇA SUFFIT !!

L'HOMME INVISIBLE DEVRAIT RÉAPPARAÎTRE, ON VA FAIRE LES COURSES.
OH NOOOON !
JE VEUX CONTINUER !
NON, C'EST TERMINÉ !
LAISSE TOMBER, MAKOTO ! (HI HI)
JE REMETTRAI ÇA EN RENTRANT.
CRITCH CRITCH
TENACE, LE PETIT HOMME.
Supermarché MATSUDA

HEIN ?!
DIS ? JE N'AI PAS UN TRUC SUR LE VISAGE ?
SALE
JE NE SAIS PAS, JE N'AI PAS VRAIMENT EU L'OCCASION...
DE T'OBSERVER, MOI.
C'EST NORMAL, ON NE PEUT PAS VOIR UN HOMME INVISIBLE. (HI HI)
HÉ HÉ...
HMM
TU AS L'AIR DE MEILLEURE HUMEUR !?
YURA ADORE FAIRE LES COURSES, ÇA LA DÉTEND.
J'ADORE PASSER MA JOURNÉE AVEC MAKOTO.
MOMENT INTENSE !

OH !
YABUKI !?
BONJOUR !
ÎL EST EN CONGÉ ?
OUI.
QUELLE CHANCE !
CE N'ÉTAIT PAS PRÉVU, EN FAIT.
YURA A L'AIR SI HEUREUSE !
JE LES ENVIE D'ÊTRE TOUJOURS AUSSI AMOUREUX L'UN DE L'AUTRE.

ON EST RENTRÉS, TU SAIS !?
Mmmh
FAIS-MOI UN BISOU !
LÀ !
SMACK
ENCORE !
TODOM TODOM
ENCORE PLEIN !
HÉ HÉ...
VOILÀ !
Smack
Smack

AH... JE LE SENS... JE... JE REDEVIENS UN HOMME INVISIBLE.
OH NON !?
HMM...
MAKOTO... ARRÊTE !
Ssst
Ssst
ATTENTION !! TU NE PEUX PAS TOUCHER UN HOMME INVISIBLE !
Smack
Smack
HMM...
HAN
SSST

AH...
SLUP
HAN
SPLITCH
Lap
Slurp
STOP...
JE N'AI PLUS ENVIE DE JOUER À ÇA !!
ÇA SUFFIT !
HEIN ?!

POURQUOI ?
EH BIEN... TU M'AS DIT QU'ON NE POUVAIT PAS TOUCHER UN HOMME INVISIBLE...
ET MOI...
ENFIN... JE...
J'AI... J'AI ENVIE DE..
TODOM
TODOM
ENVIE DE...
POUVOIR TE COUVRIR DE CARESSES ! ♡
TODOM
TODOM
Todom

DANS CE CAS, ARRÊTONS DE JOUER !
OH, YURAAA !
SNOUF
MAKOTO !
LES FEMMES ADORENT CARESSER ET ÊTRE CARESSÉES PAR LEUR BIEN-AIMÉ.
Smack
Smack
MA... KO... TO...

Ah
AH... HAN!
MMH!
POUF
AAH... OUIII... ☆
OUI... VAS-Y...
M... MAIS...
EUH... JE...

DANS...
TODOM
TODOM
TODOM
DANS CETTE POSITION... S'IL TE PLAÎT...
D'AC-CORD. ♡
FLORF
FLORF
HAN
AH !
FLORF
FLORF
Tchof
Splif

HAN ! HAN !
SPOF
SPOF
SPOF
SPOF
FLORF
FLORF
SPOF
SPOF
Tchof
PLOTT

FLORF
Tchof
FLORF
OUI !!
HAAAA
HAH
TCHOF
OH...
HMM
HAN
HAN
Florf
FLORF
HAN... HAN...
OUIII !!!
PLUS FORT...
FLORF

YURAAA !!
TCHOF TCHOF
HMM... MAKOTO !
SPOF
SPOF
HAN
AH...
MAKOTO...
HMM

CHAPITRE 146 : MAKOTO, L'HOMME INVISIBLE - FIN

STEP UP
Love Story
KATSU AKI
CHAPITRE 147
LA PETITE PILULE DU BONHEUR ☆
C'EST EN 1998 QUE L'ENTREPRISE PFIZER A COMMERCIALISÉ CES PILULES MIRACLES DESTINÉES AUX HOMMES DEVENUS IMPUISSANTS ! ELLES SONT UTILISÉES POUR TRAITER LES TROUBLES DE L'ÉRECTION.
FLACON VENDU AUX ÉTATS-UNIS.
VIAGRA...
Viagra

喫茶 ARGADE
大衆寿司 DONKOU どん幸
MIKA YABUKI N'A PLUS EU DE RAPPORT SEXUEL DEPUIS TRÈS LONGTEMPS.
MERCI D'ÊTRE VENU...
JE SAIS QUE TU ES TRÈS OCCUPÉ...
NE T'EN FAIS PAS...
HUM...
HUM...
DE QUOI VEUT-ELLE BIEN ME PARLER... ?
ON DIRAIT QU'ELLE N'OSE PAS...
ET SI ELLE ME DEMANDAIT DE...
J'AI TRÈS ENVIE DE FAIRE L'AMOUR... ♡
TODOM
TODOM
AVEC TOI, MAKOTO... ♡
SWIIT
GLOUPS

TU... TU VAS SÛREMENT ME PRENDRE POUR UNE FOLLE...
MAIS... EUH...
JE... JE NE SAIS PAS PAR OÙ COMMENCER...
OUIII... TU ES BIEN MIEUX MONTÉ QUE MON MARI ! ♡♡
HAN ! HAN !
HUM... J'AI PEUT-ÊTRE UN PEU TROP D'IMAGINATION...
PRRRF
JE... J'AI TELLEMENT ENVIE DE SEXE...
HUM...
FLORF
FLORF
C'EST CERTAIN !!
NON... JE VOULAIS DIRE... AVEC MON MARI...
MAIS... EUH... C'EST QUE... JE SUIS AVEC YURA...
TU DEVRAIS ARRÊTER DE TE FAIRE DES FILMS !!
OUI... SUIS-JE BÊTE ?
EUH... OUI... AVEC TON MARI... BIEN SÛR, C'EST ÉVIDENT...

ET TU VEUX TROUVER UN MOYEN DE REMÉDIER À VOTRE PROBLÈME !?
OUI... CELA VA TOUT DE MÊME FAIRE UN AN QUE...
J'AI VRAIMENT HONTE DE PARLER DE ÇA, MAIS...
JE PENSAIS QUE TU POURRAIS PEUT-ÊTRE ME DIRE...
CE QUI LUI ARRIVE ...
ELLE EST SI BELLE... À LA PLACE DE SON MARI, JE NE POURRAIS PAS RÉSISTER...
QUEL GÂCHIS !
CELA NOUS ARRIVE DE COMMENCER, MAIS...
MAIS ?
QUAND IL COMMENCE À ME PÉNÉTRER...
HUM... DÉSOLÉ, JE N'AI PLUS ENVIE !
HEIN ?
OH NON !? PAS ÇA...

BIZARRE... EN GÉNÉRAL, À CE STADE, ON EST TELLEMENT EXCITÉS QU'ON NE PEUT PLUS FAIRE MACHINE ARRIÈRE...
À MON AVIS, S'IL NE VEUT PAS ALLER PLUS LOIN...
C'EST QUE...
PAR LES PLUS GRANDS... IL A UN PROBLÈME D'ÉRECTION !
QUOI ?
IL EST PEUT-ÊTRE IMPUISSANT...
OH...
FINALEMENT, MAKOTO AVAIT VU JUSTE...
EUH... OUI, C'EST VRAI... J'AI DU MAL À GARDER UNE ÉRECTION...
EN PLEIN DANS LE MILLE !

QUELQUES JOURS PLUS TARD...
MAKOTO !!
ALORS, JE NE M'ÉTAIS PAS TROMPÉ, C'ÉTAIT BIEN ÇA !
OUI, IL EST ALLÉ CONSULTER UN MÉDECIN.
IL LUI A CONSEILLÉ DE PRENDRE CES PILULES...
IL VA EN PRENDRE ET VOIR CE QUE CELA DONNE.
FRWIF
AH OUI, JE CONNAIS... C'EST DU VIAGRA !
TIENS... JE T'EN DONNE UNE PLAQUETTE...
FWOF
EUH...
C'EST POUR TE REMERCIER DE M'AVOIR ÉCOUTÉE.
EUH... C'EST-À-DIRE QUE...
J'EN FAIS QUOI ?
JE N'EN AI PAS FRANCHEMENT BESOIN...
HA HA...

DANS LA SOIRÉE...
ATCHOUM ! ☆
TIENS... PRENDS UN CACHET !
MERCI !
HOP
GLOUP
......
QU'EST-CE C'EST ?
HEIN ?
BEN, ÇA... POURQUOI ?
OH NON, C'EST DU VIAGRA !!

QU'EST-CE QUE ÇA FAISAIT DANS LA BOÎTE À PHARMACIE ?
C'EST MOI QUI LES AI MIS...
......
ZUT, J'EN AI PRIS, MOI AUSSI !
OH NON !!
BEN... ÇA ME FAIT RIEN CE TRUC...
J'ESPÈRE QU'ON NE VA PAS AVOIR DE DÉMANGEAISONS OU DES EFFETS ÉTRANGES...
......
TOUT D'ABORD, SACHEZ QUE LE VIAGRA N'EST PAS UN APHRODISIAQUE, DONC IL NE STIMULE PAS LA LIBIDO.
BON... LE MIEUX, C'EST DE FAIRE COMME D'HABITUDE.
EUH... OUI...

COMMENT LE VIAGRA AGIT-IL ?

CES PILULES RESTAURENT LA FONCTION ÉRECTILE DE FAÇON NATURELLE EN AUGMENTANT LE FLUX SANGUIN VERS LE PÉNIS. LE TEMPS D'ACTION MOYEN EST DE 25 MINUTES. IL FAUT CEPENDANT FAIRE ATTENTION À CERTAINS EFFETS SECONDAIRES. LE VIAGRA EST DÉCONSEILLÉ AUX PERSONNES SOUFFRANT D'INSUFFISANCE CARDIAQUE.

L'APPAREIL GÉNITAL MASCULIN ET FÉMININ.

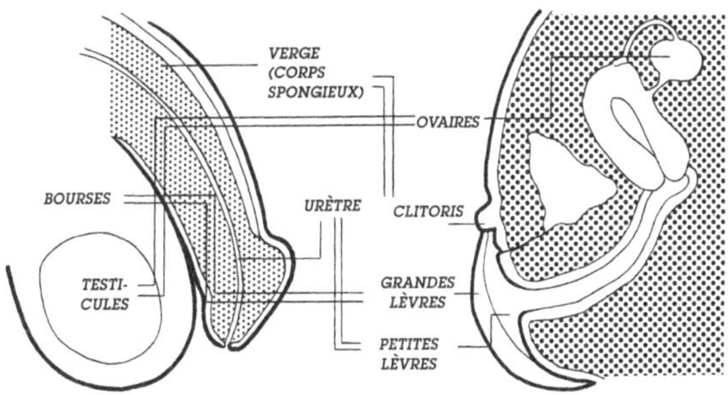

APPAREIL GÉNITAL MASCULIN

APPAREIL GÉNITAL FÉMININ

IL Y A ÉNORMÉMENT DE SIMILITUDES ENTRE LES ORGANES GÉNITAUX DE L'HOMME ET DE LA FEMME.

IL Y A AUSSI DES SIMILITUDES ENTRE LA PROSTATE DE L'HOMME ET LA TROMPE, L'UTÉRUS ET LE VAGIN DE LA FEMME

SOURCE : QUOKE, AOÛT 1986.

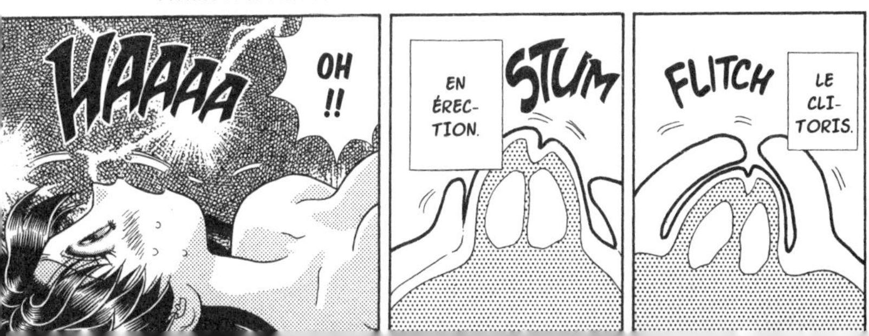

LE VIAGRA A-T-IL UN EFFET SUR LA FEMME ?
EN AUGMENTANT L'AFFLUX SANGUIN VERS L'APPAREIL GÉNITAL, IL PEUT LÉGÈREMENT STIMULER UNE FEMME MOYENNEMENT RÉCEPTIVE.
SOURCE : JOURNAL SANKEI, OCTOBRE '98.
HAN ! HAN !
AAH... MAKOTO, JE... JE...
HAN HAN
J'Y VAIS !
TCHOF
AH !!
PTOM
OH... RIEN QUE LE FAIT QU'IL ME PÉNÈTRE...
AAAH !!
HAN
JE N'AI JAMAIS AUTANT JOUI !!
HAN
FLORF FLORF

PENDANT CE TEMPS, CHEZ LES YABUKI ?
HAN ! HAN !
HAN
HAN
SON PÉNIS N'A JAMAIS ÉTÉ AUSSI DUR... ☆
TCHOF
TCHOF
TCHOF
C'EST DRÔLE... JE ME SENS BIEN..
!
Plic
PLIC
PLIC
MIKA !?

JE... JE SUIS TELLEMENT HEUREUSE...
CELA FAISAIT...
SI LONGTEMPS QUE NOUS N'AVIONS PAS FAIT L'AMOUR...
VOILÀ DES MOIS QUE...
JE RÊVAIS DE CE MOMENT !
JE NE PENSAIS PAS QU'ELLE POUVAIT EN SOUFFRIR...

PARDON DE T'AVOIR FAIT ATTENDRE SI LONG-TEMPS.
LA SEXUALITÉ EST POURTANT QUELQUE CHOSE D'IMPORTANT DANS UN COUPLE...
SMACK
CHÉRI !?
HUM...
NOUS AURIONS DÛ EN PARLER BIEN AVANT.
SMACK
NOUS NE FAISONS TOUJOURS QUE NOUS CROISER !
IL FAUT DIRE QUE NOUS N'AVIONS GUÈRE LE TEMPS POUR ÇA...
L'IMPUISSANCE PEUT ÊTRE CAUSÉE PAR UNE VIE TROP STRESSANTE.

HAN ! HAN !
HAN ! HAN !
SPOF
SPOF
AH... C'EST TROP BON... JE VAIS JOUIR !
FLORF FLORF
HAN HAN
J'AVAIS OUBLIÉ COMBIEN C'ÉTAIT AGRÉABLE !
HAA !!
OUIIIIII... CHÉRIIIIIII !!
FLORF
FLORF

OUIII !!
FLICK
FLICK
FLOKF
FLOKF
MIKA EST COMPLÈTEMENT TREMPÉE !
HAN ! HAN !
SPOF SPOF SPOF
C'EST COMME SI ON NE FORMAIT PLUS QU'UN...
Splitch
J'EN AI DES FRISSONS. ♡
Splitch
FLOKF
OH... CHÉRI !!
ET SES PETITS CRIS ONT LE DON DE M'EXCITER...
FLOKF

OUIIII !!
FLORF
FLORF
HAAAA AAA !
AH !
FLORF
AH !
SPOF
SPOF
MIKAAA !!
AAH, C'EST BON ! ♡
JE... JE JOUIS !!
HAN
HAN
QUEL PIED... ON REMET ÇA QUAND TU VEUX ! ♡
AH OUI ? VRAIMENT ?
FLOTCH
HAN

CHÉRI ! ♡
FOF
JE T'AIME ! ♡
MOI AUSSI ! ♡
LE SEXE EST IMPORTANT POUR L'ÉQUILIBRE DU COUPLE… C'EST UN MOYEN COMME UN AUTRE DE COMMUNIQUER…
ALLONS VOIR CE QUI SE PASSE CHEZ LES ONODA…
HA !
OH NON !!
DÉJÀ ?
DÉSOLÉ… À MON AVIS, C'EST À CAUSE DU VIAGRA !
HA HA…
IL A BON DOS, LE VIAGRA !!

FLITCH
FLITCH
ÇA ALORS !? JE SUIS TOUJOURS EN ÉRECTION...
HEIN ?
LA PARTICULARITÉ DU VIAGRA EST DE FAIRE DURER L'ÉRECTION TRÈS LONGTEMPS (4 HEURES EN MOYENNE). APRÈS AVOIR ÉJACULÉ, SI VOUS N'AVEZ PAS DE PROBLÈME D'IMPUIS-SANCE, VOUS POURREZ CONTINUER AUTANT DE FOIS QUE VOUS EN AUREZ ENVIE !
YURAAA !!
FLORF
FLORF
AAA AAH !!
HEIN... MAKOTO EST TOUJOURS EN FORME !?
SPOF
SPOF
OOH !!

OUIII !!
AAAAH !!
OUI, OUII... C'EST BON...
TCHOF
TCHOF
SES SENSATIONS SONT DÉCUPLÉES DU FAIT QUE LE CLITORIS EST PLUS SENSIBLE. ♡
MAKO-TO !!
YURA !
SBROF
SBROF
SBROF
JE NE VAIS JAMAIS TENIR !
HAN HAN
OH NON !

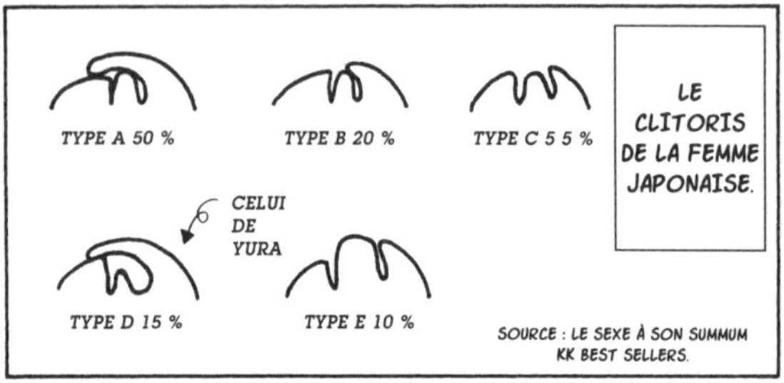

YURA A UN PETIT CLITORIS RECOUVERT D'UNE FINE COUCHE DE PEAU (C'EST UNE CARACTÉRISTIQUE JAPONAISE) QUI L'EMPÊCHAIT DE RESSENTIR CERTAINES SENSATIONS.

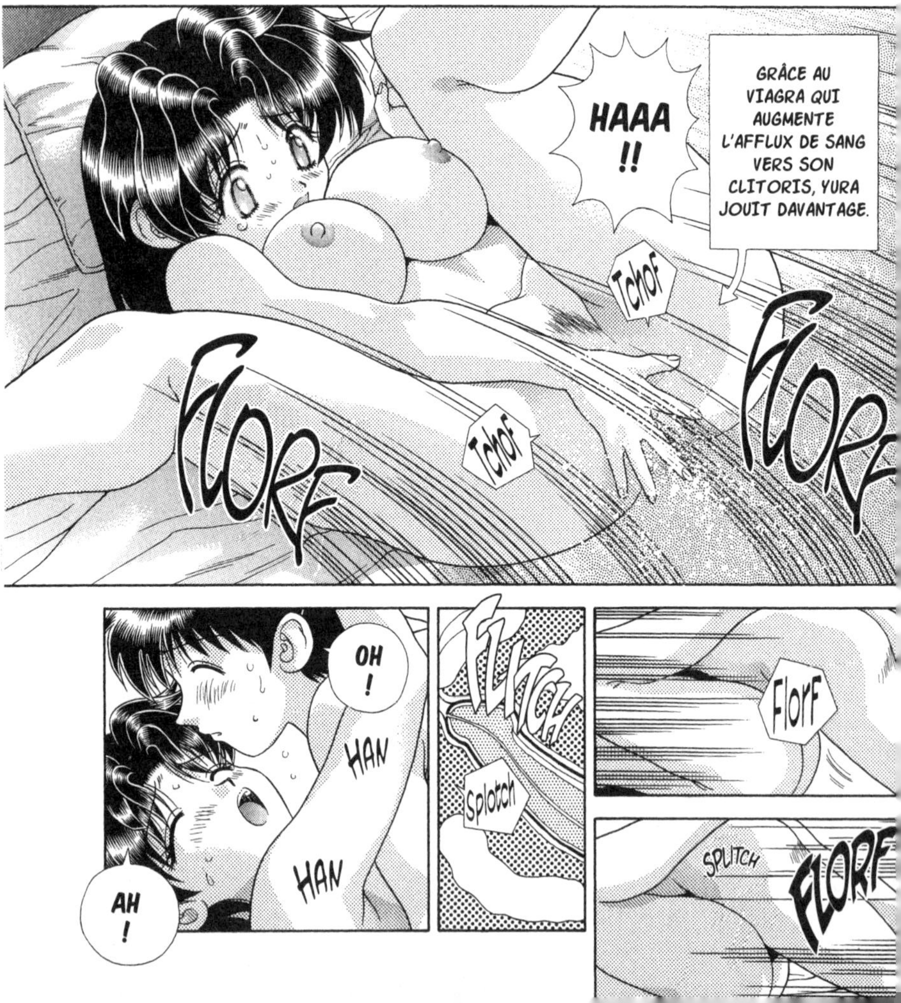

FLORF FLORF
HAN ! HAN !
C'EST PAS VRAI !? IL CONTINUE !?
FLORF
HAN HAN
LE VIAGRA PERMET D'AUGMENTER SES PER-FORMANCES.
SPOF SPOF
AAH... C'EST BON ! ☆
HAN HAN
FLORF FLORF
Splitch
HAN HAN
AH !
Tchof
HAN
OUIII !!
À L'ÉPOQUE OÙ LE VIAGRA N'ÉTAIT PAS ENCORE COM-MERCIALISÉ, ON POUVAIT S'EN PROCURER ILLÉGALEMENT DANS LES MAISONS CLOSES À DES PRIX EXORBITANTS !

SPOF
SPOF
SPOF
OUI... OUIII...
HEIN ?
AH !
Splotch
HAN
MMH...
TCHOF
FLORF
FLORF
MAKOTO OOH...
FLORF
AAH !! JE VAIS ENCORE ÉJACULER !!
AAAAH !
HAN
HAN

MISE EN GARDE : LE VIAGRA N'EST PAS CONSIDÉRÉ COMME UNE DROGUE CEPENDANT VOUS DEVEZ IMPÉRATIVEMENT CONSULTER UN MÉDECIN AVANT D'EN FAIRE USAGE...

CHAPITRE 147 : LA PETITE PILULE DU BONHEUR - FIN

STEP UP
Love Story
KATSU AKI
CHAPITRE 148
RETROUVAILLES
À QUEL ÂGE AVEZ-VOUS CONNU VOTRE PREMIER AMOUR ?
EN GÉNÉRAL, ON DIT QUE LES FILLES SONT PLUS PRÉCOCES.
SHIORI TERAWAKI SERA NOTRE HÉROÏNE DANS LES DEUX DERNIERS CHAPITRES... MAIS QUI EST CE MYSTÉRIEUX PERSONNAGE ?

UNE RÉUNION D'ANCIENS ÉLÈVES ?
OUI... 7 ANS QU'ON NE S'EST PAS VUS...
JE SUIS SÛRE QUE VOUS DEVIEZ ÊTRE UN VÉRITABLE DON JUAN AU LYCÉE, NON ?
JE NE CROIS PAS ! D'AILLEURS, JE N'AVAIS PAS DE COPINE...
ÇA NE M'ÉTONNE PAS ! VOUS ÉTIEZ INCA-PABLE DE VOIR L'ÉVIDENCE...
PARDON... VOUS PARLEZ DE MOI...
JE SAIS DE QUOI JE PARLE !!
ELLE ÉTAIT AMOUREUSE DE MAKOTO...
ELLE ESSAIE DÉSESPÉRÉ-MENT DE FAIRE COMMETTRE UN HORRIBLE ADULTÈRE À MAKOTO.
?
GRMLB

SHRAAAAAH
PLUS TARD...
CHEZ LES PARENTS DE MAKOTO.
BONJOUR.
ON EST ARRIVÉS !
BONJOUR !
SALUT, GRAND FRÈRE !
SALUT !
QU'EST-CE QUE TU FAIS LÀ ?
LA RÉUNION D'ANCIENS ÉLÈVES... C'EST BIEN CE SOIR !?
IL Y AURA DES NANAS ?
OUI !
TU TE SOUVIENS DE CETTE FILLE QUE TU AVAIS RAMENÉE À LA MAISON ?
LAQUELLE ?

ELLE A DÛ VENIR DEUX OU TROIS FOIS...
VOYONS... TU VEUX PARLER DE TERAWAKI ?
HEIN ?
JE CROYAIS QUE LES FILLES NE S'INTÉRESSAIENT PAS À TOI, AU LYCÉE...
HA HA... RASSURE-TOI, C'ÉTAIT JUSTE UNE CAMARADE DE CLASSE.
JE ME SOUVIENS À PEINE D'ELLE...
ELLE VENAIT À LA MAISON POUR FAIRE SES DEVOIRS... OU BIEN POUR M'EMPRUNTER UN LIVRE...
RIEN DE PLUS...
TU PARLES ! C'ÉTAIT UN PRÉTEXTE POUR VENIR TE VOIR !
ELLE ÉTAIT CANON ?
BEN... JE NE ME RAPPELLE PLUS...
OH ! CE N'EST PAS TRÈS GENTIL !! JE SUIS SÛRE QU'ELLE SE SOUVIENT DE TOI !
DE TOUTE FAÇON, TU NE VOYAIS JAMAIS RIEN !
MAIS PAS DU TOUT !!
C'EST VRAI QU'IL A SOUVENT DES ŒILLÈRES...

......
!
ÇA NE VA PAS.
HEIN ?
EH BIEN...
JE M'APERÇOIS QU'EN FAIT... TU AVAIS DU SUCCÈS AVEC LES FILLES...
C'EST ASSEZ COMPRÉHENSIBLE... TU ES QUELQU'UN DE PLUTÔT GENTIL.
IL NE FAUT PEUT-ÊTRE PAS EXAGÉRER, YURA !? IL Y A UN PEU DE PARTI PRIS, NON !? (HI HI)
JE SUIS SÛR QUE JUN S'EST TROMPÉE.
ET PUIS, IL Y A PRESCRIPTION !
C'EST VRAI...
YURA SE FERAIT-ELLE DU SOUCI ?

HUM...
TU AS RAISON... JE SUIS SÛRE QUE POUR ELLE AUSSI, C'EST DU PASSÉ...
ELLE NE DOIT MÊME PLUS S'EN RAPPELER !
TANT MIEUX.
HMM
HA HA...
Smack
HI HI...

À QUAND, LE MARIAGE ?

ENQUÊTE MENÉE AUPRÈS DE CÉLIBATAIRES ÂGÉS DE 18 À 35 ANS.

SOURCE : JOURNAL YOMIURI.

	HOMMES (%)	FEMMES (%)
UN JOUR, JE ME MARIERAI	86	89
J'ATTENDS DE TROUVER L'ÂME SŒUR	50	56
JE SUIS CÉLIBATAIRE	50	42

CE N'EST PAS L'ENVIE QUI MANQUE...

ÇA FAISAIT UN BAIL, MAKOTO ! ☆
HUM...
WHAA !! QUEL CANON !!
EUH... C'EST BIZARRE... J'AI L'IMPRESSION QU'ON SE CONNAÎT...
TU ES...
JE SUIS SHIORI TERAWAKI ! TU AS OUBLIÉ ?
QUOI ? TERA... TERAWAKI !?
SALUT, TERAWAKI !
JE SAIS QUE J'ÉTAIS UNE FILLE PLUTÔT DISCRÈTE... MAIS TOUT DE MÊME...
À L'ÉPOQUE ...
JE N'AVAIS D'YEUX QUE POUR TOI !
TU TE SOUVIENS ?
......
PAS DU TOUT...

J'ESPÈRE QU'ON REMETTRA ÇA !
OUAIS !
BONNE NUIT ! ☆
RENTRONS ENSEMBLE, VU QUE NOUS ALLONS DANS LA MÊME DIRECTION !
AH BON ?
C'EST PAS VRAI !? TU NE TE RAPPELLES MÊME PLUS OÙ J'HABITE !?
EUH... DÉSOLÉ.
TERAWAKI S'EST DRÔLEMENT EMBELLIE !
ELLE NE FAISAIT PAS PARTIE D'UNE ASSOCIATION FÉMINISTE... !?
EN TOUT CAS, MAINTENANT ELLE TRAVAILLE DANS LE SHOW-BIZ À TOKYO.
MAKOTO...
TU TE SOUVIENS DE TON TOURNOI DE KENDO ?
OUI... D'AILLEURS, J'AI ÉTÉ RAPIDEMENT ÉLIMINÉ...
J'ÉTAIS PARMI LES SPECTATEURS, TU SAIS ?
AH BON ?
TU ÉTAIS BEAU COMME UN DIEU DANS TON COSTUME !
IL T'ALLAIT SI BIEN...
ÇA ME DIT RIEN DE BON !
MAKOTO

EUH... TU ES SÛRE DE NE PAS TE TROMPER ?
DÉCIDÉMENT, TU NE COMPRENDS TOUJOURS RIEN !
TU FAIS QUOI, DEMAIN ? TU POURRAIS VENIR TE PROMENER AVEC MOI !?
D'ACCORD ?
J'AI TELLEMENT DE CHOSES À TE DIRE.
EUH...
ON SE RETROUVE À 10 HEURES DEVANT LE PARC PRÈS DU LYCÉE...
PROMIS ?
TU... TU SAIS, JE SUIS MARIÉ ET...
DIS-MOI JUSTE UNE CHOSE... EST-CE QUE TU AS RÉALISÉ TOUT CE QUE TU T'ÉTAIS PROMIS DE FAIRE QUAND TU ÉTAIS AU LYCÉE ?
EH BIEN...
HÉ HÉ
MOI, NON !

HI HI...
C'ÉTAIT SYMPATHIQUE CETTE SOIRÉE !
JE RETROUVE LE GARÇON QUI ME FAISAIT CRAQUER À L'ÉPOQUE, ET JE RÉALISE QUE JE SUIS TOUJOURS AUSSI AMOUREUSE.
ÇA ME DONNE MÊME DES IDÉES TRÈS COQUINES ! ♡
HI HI
TU NE SAIS PLUS CE QUE TU DIS, TU ES IVRE.
POSSIBLE !
HUM...
?
ZYEUTE
ZYEUTE
TU CHERCHES QUELQU'UN ?

BON... C'EST LE MOMENT !
Todom
JE...
OH... JE NE SAIS PAS CE QUE J'AI... JE NE ME SENS PAS TRÈS BIEN...
POF
QU'EST-CE QUI T'ARRIVE ? ÇA VA PAS... LE REPAS PEUT-ÊTRE ?
NON !
JE VAIS T'APPELER UN TAXI.
HEIN ?
Scriiii
ALLEZ ! RENTRE BIEN !
NON... ATTENDS...
N'OUBLIE PAS NOTRE RENDEZ-VOUS !!
VROUM
ME VOILÀ DANS DE BEAUX DRAPS. ☆
IL EST TOUJOURS AUSSI BALOURD ! ☆

JE NE PEUX QUAND MÊME PAS LUI POSER UN LAPIN !
MMH...
DE QUOI VEUT-ELLE ME PARLER ?
FWOF
ÇA NE VA PAS, MAKOTO ?
AAH... YURA ! ☆
EUH... NON, NON, TOUT VA BIEN !!
....
JE SUIS SÛRE QU'IL ME CACHE QUELQUE CHOSE.
QUELLE PERSPICACITÉ ! (HI HI)
BONNE NUIT !

LE LENDEMAIN...
OÙ EST MAKOTO ?
IL EST SORTI FAIRE UN TOUR.
C'EST SUSPECT, ÇA ! IL Y A SÛREMENT UNE FEMME LÀ-DESSOUS !
MOUAIS !
AKIRA, VOYONS... !!
GLOUPS
IL A PEUT-ÊTRE RAISON...
TU NE VAS PAS T'Y METTRE, TOI AUSSI !?
VOUS VOUS SERIEZ QUERELLÉS ?
HO HO...
VOILÀ OÙ SE TROUVE MAKOTO.

MAKOTO, JE SUIS LÀ !
HA HA...
J'AI L'IMPRESSION DE TROMPER MA FEMME.
VIENS, ALLONS FAIRE UN TOUR EN BARQUE !
VOUF
EH !
TU ES TOUJOURS AUSSI ENTRE-PRENANTE ?
EH BIEN...
EN FAIT... PAS VRAI-MENT.
MAIS J'AI DÉCIDÉ QUE ÇA DEVAIT CHANGER...
?

貸し
TRÈS FRANCHEMENT, SI TU NE TE SOUVIENS PAS DE LA JEUNE FILLE TIMIDE QUE J'ÉTAIS, JE NE T'EN VOUDRAI PAS...
J'AI BIEN CHANGÉ, DEPUIS !
J'AI MÊME APPRIS À ME MAQUILLER !
C'EST DRÔLE, JE NE ME SOUVIENS PAS DU TOUT DE TOI, MAIS...
MAIS TON... TON VISAGE ME DIT QUELQUE CHOSE...
Voyons...
HEIN ?
VLOUF
AAAH !!
AU SECOURS !
SPOF

OUPS !!
JE SUIS DÉSOLÉ !!
TODOM TODOM
HUM...
JE RÉALISE QUE JE N'AI JAMAIS EMMENÉ YURA SUR UNE BARQUE...
QUI EST YURA ?
C'EST MA FEMME.
NOUS NOUS SOMMES MARIÉS RÉCEMMENT ET NOUS SOMMES TRÈS AMOUREUX.
HÉ HÉ...
PAS LA PEINE DE RENTRER DANS LES DÉTAILS, MAKOTO !
~~~~
~~~~

DE QUOI VOULAIS-TU ME PARLER ?
TU AS DES SOUCIS, PEUT-ÊTRE ?
TU ES TOUJOURS AUSSI BÊTE, MA PAROLE !
C'ÉTAIT UN PRÉTEXTE POUR PASSER LA JOURNÉE AVEC TOI !!
QUOI ?
ABRUTI !
PFFF
MAIS, TU...
HUMPF
JE NE COMPRENDS PLUS...
? ?
DÉCIDÉMENT... TU NE CHANGERAS JAMAIS...

PLIC
PLOC
SSCHRAAAAF
ZUT !! IL PLEUT...
ON VA ÊTRE TREMPÉS !
ON FERAIT MIEUX DE RENTRER.
ON RESSEMBLE À DES SERPILLIÈRES !
PFIOUU...
ARGH... ELLE N'A PAS DE... !?
TODON

PLOTCH
PLOTCH
EUH...
BON... JE VAIS ALLER T'ACHETER UN T-SHIRT.
JE REVIENS.
CE N'EST PAS LA PEINE...
IL NE MANQUAIT PLUS QUE ÇA !
PLOTCH
PLOTCH
SSCHRAAAAF
TIENS...
JE TE REMERCIE...
TU ES VRAIMENT GENTIL, MAKOTO... ♡♡
TODOM

CHAPITRE 148 : RETROUVAILLES - FIN

STEP UP
Love Story
KATSU AKI
CHAPITRE 149
UN VŒU QUI N'A PU SE RÉALISER ☆
QU'EST-CE QUI M'ARRIVE ?
TODOM
TODOM
TODOM
TODOM

PENDANT CE TEMPS, YURA...
SSHRAAAAF
JUN !?
OUI ?
QUE FAIS-TU ?
J'AI UN TAS DE CORRESPONDANTS SUR INTERNET ET...
IL Y A UN GARÇON QUI ME PLAÎT BIEN...
ON NE S'EST ENCORE JAMAIS RENCONTRÉS.
TU NE L'AS JAMAIS VU ? TU N'AS PAS PEUR ?
UN PEU, SI...
C'EST POUR CELA QUE JE PRÉFÈRE GARDER MES DISTANCES... JE NE TIENS PAS À RECOMMENCER LES MÊMES ERREURS...
ON DIRAIT QU'ELLE A RETENU LA LEÇON...
AVANT DE M'ENGAGER DAVANTAGE, JE VAIS D'ABORD OPTER POUR L'AMOUR PLATONIQUE...
HÉ HÉ...
JE VOIS.

TU PENSES À MAKOTO ?
HEIN !?
ARRÊTE DE T'INQUIÉTER... TU SAIS TRÈS BIEN QU'IL EST FOU AMOUREUX DE TOI.
TU DOIS LUI FAIRE CONFIANCE.
POURQUOI NE L'APPELLES-TU PAS SUR SON PORTABLE ?
....
JUN..
TU AS RAISON.
HA HA
HI HI...
HI HI...

Tululu
OH !
!!
ALLÔ ?
YURA ?
OUI... EUH... NON, JE SUIS AU PARC.
GRMLB
HUM...
BON... EH BIEN... ELLE VIENT ME REJOINDRE...
IL VA FALLOIR NOUS QUITTER !
HA HA...
DÉCIDÉMENT, IL N'Y EN A QUE POUR TA FEMME.
POURTANT JE LUI AI SORTI LE GRAND JEU...
HI HI
TU SAIS... TON CÔTÉ MARI SÉRIEUX ET DÉVOUÉ...
EST IRRÉSISTIBLE !

EN TOUT CAS, MERCI..
DE QUOI ?
D'AVOIR ACCEPTÉ CE RENDEZ-VOUS.
JE TRAVERSE UNE PÉRIODE DIFFICILE EN CE MOMENT...
MAIS GRÂCE À TOI, ÇA VA MIEUX
JE VAIS POUVOIR REPRENDRE MON TRAVAIL... ET JE PENSERAI À TOI DANS LES MOMENTS DOULOUREUX...
TIENS... IL S'EST ARRÊTÉ DE PLEUVOIR !
OUI... TANT MIEUX.
DIS...
J'AURAIS UNE DERNIÈRE FAVEUR À TE DEMANDER.
JE VOUDRAIS T'EMBRASSER...
QUOI ?

EUH... SEULEMENT SUR LA JOUE, ALORS...
D'AC-CORD.
TODOM
TODOM
TODOM
HMM
HEIN ?
FWOF
Smack

J'AVAIS DIT SUR LA JOUE !!
HA HA...
C'EST UN VŒU...
QUE JE N'AI PAS PU RÉALISER AU LYCÉE !
TERA-WAKI...
AU REVOIR !
TU AS ÉTÉ MON PREMIER AMOUR !
LE VŒU QU'ELLE N'A PAS PU...

STAP
STAP
YURA !!
QU'EST-CE QUI T'EST ARRIVÉ ? TU ES TOUT TREMPÉ...
EUH... EH BIEN... JE...
JE... JE NE PEUX PAS RENTRER À LA MAISON COMME ÇA.
HA HA...
IL FAUT QUE JE ME CHANGE.
......
HUM... DIS-MOI...
ET SI ON PRENAIT UNE CHAMBRE DANS UN HÔTEL ?
MARMONN
QUOI ?

ET PUIS...
JE... J'AI...
J'AI TRÈS ENVIE DE TOI, YURA...
ALORS...
VIENS.
TCHOF
MAIS... ATTENDS !
HOTEL Simon
HAN ! HAN !
FLORF
FLORF
HOO... MAKOTO ! ♡

HAN !
HAN !
SPOF
SPOF
HAN !
HAN !
FLORF
FLORF
FLORF
NON PAS ÇA, IL FAUT ABSOLUMENT QUE JE CHASSE CETTE IMAGE...
HEIN ? MAIS AU FAIT...
MAIS ÇA Y EST, JE ME SOUVIENS !!
EH !!
VLOUF
JE L'AI VUE DANS UN FILM PORNO ! ☆
Gloups
SON VISAGE ME DISAIT QUELQUE CHOSE... ET SES...
QUELLE CULTURE...
coquine en folie
18
L'ORGIE D'ÉROS

MAKOTO ?
HUM
GLOUPS !
AHEM...
EUH... EH BIEN...
EN FAIT...
QUE SE PASSE-T-IL ?
PARLE-MOI, JE T'EN SUPPLIE !!
QUOI !?
ホテルサイモン
TU N'AS PAS FAIT ÇA !
JE... JE SUIS DÉSOLÉ.
ELLE VOULAIT JUSTE ME PARLER... RASSURE-TOI, IL NE S'EST RIEN PASSÉ ENTRE NOUS.
BON ! C'EST VRAI, IL Y A EU LE BAISER...
EN MÊME TEMPS, À QUOI BON LUI EXPLIQUER... ELLE VA S'ÉNERVER.
HUM...
!
SPOF

SMACK
TU SAIS, MAKOTO... JE NE VEUX PAS TE PARTAGER... ☆
YURA...
HUMPF

MOI NON PLUS, YURA...
C'EST VRAI !? JE PEUX TE FAIRE CONFIANCE... ?
POC
BIEN SÛR !☆
MAKOTO... ♡♡
YURA...
HAN ! HAN !
AAAH... OUIII...
HAN ! HAN !
SPOF
SPOF
MAKOTO !!
FLORF
FLORF

MAKOTO, JE T'AIME ! ♡♡
TU... TU ES LE SEUL AMOUR DE MA VIE ! ♡
FLORF
TCHOF
FLORF
TCHOF
J'AI CONFIANCE EN TOI... ♡
FLORTCH
Tchof
Tchof
AH !
HAN
HAN

C'EST LE LYCÉE OÙ J'AI FAIT MES ÉTUDES...
JE JOUAIS AU FOOT DANS LA COUR.
....
DIS-MOI, MAKOTO...
AU LYCÉE, AS-TU FAIT, TOI AUSSI, UN VŒU QUE TU N'AS PAS PU RÉALISER ?
ELLE REMET ÇA SUR LE TAPIS...
AURAIS-TU AIMÉ TOMBER AMOUREUX ?
NON, JE NE PENSE PAS...
PARCE QUE...

SANS CELA, JE NE VIVRAIS PAS AVEC TOI...
ET JE N'AURAIS JAMAIS CONNU UNE AUSSI BELLE HISTOIRE D'AMOUR...
MAKOTO...
Todom
HI HI...
ON NE PEUT PAS REMONTER LE TEMPS...
MAIS HEUREUSEMENT, IL N'EST JAMAIS TROP TARD POUR VIVRE UNE BELLE HISTOIRE !

CHAPITRE 149 : UN VŒU QUI N'A PU SE RÉALISER - FIN

TU SAIS... C'EST LA PREMIÈRE FOIS, ALORS...
T'EN FAIS PAS ! ☆
TODOM
TU SERAS DOUX, D'ACCORD ? ♡
TODOM
Kyoko va enfin franchir le pas ! ❤
STEP UP Love Story
KATSU AKI
STEP UP LOVE STORY
Dans le volume 16 !
Ah
MATSUZAKI... ♡♡
Et pendant ce temps, Yura se masturbe !? ❤
Splitch
À découvrir dans le prochain volume !

NOS STATISTIQUES

À QUAND LE MARIAGE ? (VOIR PAGE 146)

On peut se marier pour différentes raisons : sentiments, statut social... Si les mariages en France n'avaient cessé de diminuer depuis les années 1970, la tendance semble depuis, sinon s'inverser, du moins se stabiliser à la hausse. L'âge moyen du premier mariage s'est élevé de près de 10 ans en un demi-siècle, passant de 22 ans pour les filles et 25 ans pour les garçons à 28,8 ans pour les filles et 30,8 ans pour les garçons.

La réception, qui se déroule huit fois sur dix un samedi entre mai et septembre réunit en moyenne 80 invités pour un budget de 10 000 euros. Le temps de préparation du mariage est en moyenne de 6 à 8 mois.

La robe blanche éloigne les blouses blanches !

D'après une étude américaine parue dans *Health psychology* d'octobre 2003, le fait de vivre une union harmonieuse aurait des effets bénéfiques sur la tension artérielle ou le taux de cholestérol. Les personnes mariées vivent plus longtemps que les célibataires. À 50 ans, un homme marié a une espérance de vie supérieure de 5 ans à celle d'un veuf. Le mariage a un rôle protecteur tant sur le plan économique que social.

Le mariage ruine la libido des femmes !

Une femme mariée sur dix déclare avoir perdu tout intérêt pour la bagatelle au bout de 5 ans !

Quelques records :

Mariage le plus long : en France, le record est de 80 ans de vie commune.

Mariage le plus âgé : lui avait 103 ans, elle 84.

Sources : étude BVA sur les 18-35 ans réalisée à l'occasion de la 10e édition du Salon du mariage au Caroussel du Louvre à Paris (jan. 2006). Chiffres du Salon du mariage et de la fête, Porte de Champerret à Paris.

www.festimariage.com
www.doctissomo.fr

***Si vous trouvez des chiffres fiables et/ou des ouvrages de référence pouvant répondre aux questions restées sans réponse, n'hésitez pas à nous écrire. Merci d'avance et rendez-vous dans le volume 16 de Step Up Love Story...**

Pika Édition
Step Up Love Story
19 bis, rue Louis-Pasteur - 92100 Boulogne
ou par courriel : mail@pika.fr

ATTENTION, SENS INTERDIT !

Ceci est la dernière page du
quinzième épisode de STEP UP LOVE STORY
Pour lire le début de ce volume,
il faut retourner le livre.

Une petite explication vous donnera
le mode d'emploi du sens de lecture,
fidèle à l'original, de droite à gauche,
selon le souhait de son auteur,
Katsu Aki.